KB075322

집에서 하는
몬테소리
감각 놀이

Montessori Book of Coordination and Life Skills

Conceived and produced by Elwin Street Productions
Copyright © Elwin Street Limited 2019
10 Elwin Street,
London, E2 7BU
UK
www.modern-books.com

일상생활·감각 영역 발달을 위한

집에서 하는
몬테소리
감각 놀이

마자 피타믹 지음 · **오광일** 옮김

유아이북스
For The Ultimate Information

몬테소리에 대하여

마리아 몬테소리(Maria Montessori)는 1870년에 로마에서 태어났습니다. 이후에 로마 대학교에서 의학을 공부하였지요. 1907년에 슬럼가의 아이들을 위한 첫 번째 어린이집을 열었고, 바로 이곳에서 세계적으로 유명해진 몬테소리 교육법이 시작되었습니다. 몬테소리는 아이들의 자존감을 높이기 위해서는 아동 중심의 환경에서 이루어지는 학습이 중요하다고 믿었으며, 이 믿음은 아주 혁신적이었습니다. 오늘날, 몬테소리 학교뿐 아니라 모든 학교에서 아동 중심의 환경이 아이들의 발달에 미치는 역할을 인정하고 있지요.

마리아 몬테소리는 아이들을 관찰하면서 아이디어를 얻었으며, 본인이 어떤 교육법을 만들어 낸 것은 아니라고 합니다. 몬테소리의 교육 원리는 아이의 '필요'에 기초하고 있습니다. 스스로 서고, 질서를 유지하고, 존중을 받고, 학습에서 즐거움을 찾고, 무언가 발견하고 싶은 욕구 등에서 나오는 것이지요. 이러한 욕구들은 1909년 처음 관찰되었을 때와 마찬가지로, 아직까지도 아이들의 학습과 깊은 관련이 있답니다.

이 책을 읽기 전에…

　경험을 통해 배우는 것이 몬테소리 교육의 핵심 원리입니다. 하지만 집 안을 통째로 몬테소리 교실처럼 만들 필요는 없으니 안심하세요. 약간의 재료만 준비하면, 이 책에서 소개하는 활동들을 할 수 있습니다. 교육에 대한 전문 지식이 없어서 걱정이라면, 그 부분도 걱정 마세요! 다음 설명을 잘 읽어 보면, 아이들과 활동을 할 때 반드시 유념해야 할 점을 미리 알 수 있어요.

　특히, 무언가 자르는 활동을 하기 전에 아이들에게 가위를 안전하게 다루는 법을 가르쳐 줄 필요가 있습니다. 예를 들면, 가위를 가지고 다닐 때에는 가위의 날이 접혀 있어야 해요. 접힌 가위의 날 부분을 손 전체로 감싸듯이 쥐어야 하고, 다른 사람에게 건네줄 때에는 가위의 손잡이가 받는 사람을 향해야 합니다. 이런 것들을 직접 시범을 보이면서 알려 주는 것이 좋겠지요?

◆ 모든 활동은 성별에 관계없이 아이들에게 적합하기 때문에 '남자아이'와 '여자아이'를 구분하지 않을게요.

◆ 아이가 편안하고 안전하게 활동할 수 있는지 부모님이 주변 환경을 잘 점검해 주세요.

◆ 아이가 부모님의 시범을 확실하게 볼 수 있어야 하기 때문에, 아이를 여러분의 왼쪽에 앉히는 것이 좋습니다. 만약 아이가 왼손잡이라면 여러분의 오른쪽에 앉히는 게 좋아요.

◆ 일관성을 위해 부모님은 오른손을 사용하는 것이 좋지만, 아이가 왼손잡이라면 왼손을 사용하는 것을 권합니다.

◆ 많은 활동이 쟁반 위에서 하도록 되어 있습니다. 아이를 위한 놀이 공간이지요. 아이의 주의가 산만해지지 않도록 무늬가 없는 쟁반을 사용하는 것이 좋아요.

◆ 필요한 재료는 미리 준비해 주세요. 활동 중에 재료가 없으면 아이가 불편함을 느낄 거예요. 그런 활동이라면 의미가 없지요.

◆ 정리 정돈을 하며 활동을 이끌어 주세요. 잘 정돈된 방식으로 재료를 준비하면 아이에게 질서 의식을 심어 줄 수 있답니다.

◆ 재료를 놀이 공간으로 가져오고, 활동이 끝나면 제자리에 가져다 놓아야 한다는 것을 강조해 주세요. 이렇게 하면 '활동 주기'가 만들어지고, 아이는 주어진 일에 집중할 수 있게 됩니다.

◆ 활동의 목표를 명확히 알아 두기 위해, 연습 내용을 꼭 먼저 읽도록 해요.

◆ 아이가 활동을 하는 동안, 부모님은 간섭하지 말고 뒤로 물러 앉아서 관찰하세요.

◆ 상황을 부정적으로 바라보지 않도록 노력하세요. 아이가 활동을 잘 해내지 못하면, 나중 단계에서 다시 시도할 수 있도록 기록해 둡니다.

◆ 아이가 한 가지 활동을 반복하고 싶어 한다면, 하고 싶은 횟수만큼 하도록 두세요. 아이는 반복을 통해서 학습할 수 있답니다.

◆ 공간의 여유가 있다면 아이를 위한 활동 구역을 마련하는 게 좋아요. 어떤 활동이 끝났을 때, 재료나 도구를 안전한 곳에 두면 아이가 원할 때 다시 시작할 수 있어요.

◆ 만약 아이가 어떤 재료를 함부로 쓴다면, 그 활동은 즉시 멈추도록 하세요. 아이에게 이러한 행동을 하면 안 된다는 것을 깨닫게 해 줍니다. 중단한 활동은 나중에 다시 진행할 수 있어요.

◆ 부모님은 항상 아이의 롤 모델이고, 아이는 부모님의 행동을 본보기로 삼는다는 것을 명심해 주세요.

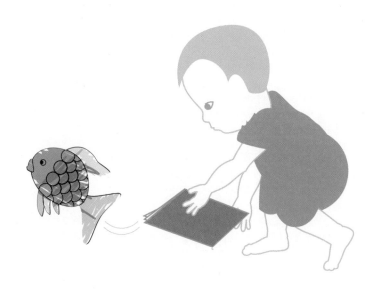

일러두기 ————————

원문 내용을 최대한 살려 번역했지만, 문화나 지역 차이상 이해하기 어려운 부분이나
형식은 저작자의 의도를 해치지 않는 선에서 우리 실정에 맞추어 옮겼음을 밝힙니다.

활동에 나이 제한이 있나요?

의도적으로 나이를 정할 필요는 없어요. 아이가 어떤 특정 활동을 하고 싶어하지 않는다면, 부모님 입장에서는 혼란스러울 수도 있기 때문입니다. 아이들은 각각 서로 다른 장단점을 가지고 있는 개별적인 존재입니다. 배움의 모든 영역에서 자신감을 갖는 아이는 매우 드물지요. 일반적으로 몬테소리 어린이집에서는 아이들에게 1장과 2장에 있는 활동을 먼저 소개한답니다. 이런 활동이 나머지 활동을 하는 데 좋은 토대를 만들어 줄 수 있거든요. 4살에서 5살 사이의 아이들에게는 모든 장의 활동들을 선택하여 소개하는 것을 추천합니다. 하지만 예외적으로, 아이가 어떤 주제에 특별한 흥미를 보이는 경우가 있지요. 예를 들어 수학에 관심을 보인다면, 숫자 놀이를 더 많이 하면 된답니다.

활동 순서를 꼭 따라야 하나요?

각 장을 순서대로 진행하는 것을 목표로 하면 좋아요. 순서대로 하는 것이 자연스러운 단계를 따라가기 때문이지요. 하지만, 약간의 융통성을 발휘할 수도 있어요. 아이가 자신 있어 하는 기능(skill)의 활동이 있다면, 나중 단계의 활동이라도 해 볼 수 있겠지요. 필요하다면, 어떤 활동을 해 보고 나서 나중 단계에 다시 할 수도 있는 것이니까요. 아이의 자신감을 향상시킬 수도 있으니, 복습하는 것이 해로울 건 없습니다.

활동에 단계가 있을 경우, 언제 다음 단계로 넘어가면 되나요?

'더 나아가기' 부분을 활용하세요. 가장 쉬운 것부터 가장 어려운 것까지 순서대로 정렬해 놓았습니다. 아이가 한 가지 활동을 완전히 익히고 나면 혼자서 할 수 있을 정도로 자신감이 생깁니다. 그러면 아이에게 다음 단계의 활동을 제시해 주세요.

아이가 활동에서 어려움을 느끼면 어쩌죠?

아이가 어떤 활동을 어려워하고 혼란스러운 것처럼 보인다면,

그 활동을 할 수 있는 준비가 되지 않았을 가능성이 높아요. 우선 여러분이 그 활동의 목적을 완벽하게 이해했는지 생각해 보세요. 또한, 여러분의 시범이 아이가 쉽게 이해할 수 있을 정도로 천천히 그리고 분명하게 진행되었는지도 살펴봐야겠지요.

하루 중 어느 시간이 활동을 하기에 좋을까요?

어른과 마찬가지로 아이들도 하루 중에 활동을 더 잘 받아들이는 시간대가 있습니다. 대다수의 아이들은 오전에 가장 수용적이에요. 그러니 비교적 어려운 활동은 오전에 하는 것이 좋겠지요. 그 밖의 활동들은 어느 때라도 괜찮습니다. 하지만, 오후 중반이 지난 시간대는 권하지 않습니다.

아이가 활동에 반응하지 않을 때는 어떻게 하나요?

아이가 어떤 활동에 흥미를 보이지 않더라도 너무 걱정하거나 아이에게 화내지 마세요. 그냥 그 활동을 멈추고, 활동의 핵심 사항들을 혼자서 살펴보세요. 아이의 흥미를 끌 수 있도록 활동 시범을 보여 주었는지 부모님 스스로에게 물어보세요. 하루 중 적합한 때였는지, 활동의 목표를 잘 이해했는지, 아이는 해야 할 것들을 잘 알고 있었는지, 아이가 그 활동을 할 준비가 되어 있었는지도 잘 생각해 보아야 합니다.

워크시트(Worksheet)는 어떻게 활용해야 할까요?

이 책의 뒷부분에 있는 워크시트를 활용하고자 할 때는 우선 A3 용지처럼 큰 종이에 확대해서 복사하는 것이 좋아요. 이렇게 하면 아이가 연습 문제를 해결하기 위해 활용할 수 있는 공간이 많아지고, 여러 번 반복해서 사용할 수도 있답니다.

차 례

1장
감각 기르기

2장
운동 능력 기르기

3장
생활 능력 기르기

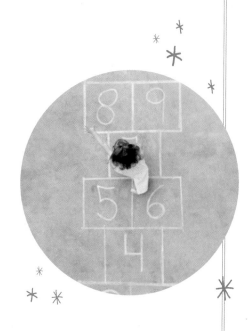

1장

감각 기르기

어린아이들은 감각을 최대한 활용하여 세상에 대한 지식을 넓혀 갑니다. 이 장의 모든 활동은 오감을 모두 자극하고, 발달을 도와 줄 뿐만 아니라 새로운 개념과 어휘도 소개합니다.

성인들은 시각과 청각을 주로 사용하는 경향이 있습니다. 하지만 이 활동들을 아이들에게 가르쳐 줄 때에는 부모님도 아이들처럼 모든 감각을 사용하도록 노력해야 해요. 그렇게 하다 보면, 아이의 감각 발달에 이 활동들이 얼마나 좋은 영향을 주는지 알게 된답니다.

촉감을 느끼며 걸어요

우리는 맨발로 잔디 위에서 걸을 때의 느낌을 좋아합니다. 아이들에게는 이런 즐거움이 배로 다가옵니다. 아이들은 촉감을 한층 끌어올리기 때문이지요. 이 활동을 통해 아이는 다양한 질감의 감각적인 흔적을 느끼게 되고 촉감을 탐색하고 발달시킬 수 있습니다. 균형 감각을 발달시키는 장점도 있지요.

준비물

☐ 넓은 실내 혹은 실외 공간

☐ 쿠션 4개(크기는 상관없지만 가능하면
　서로 다른 소재의 쿠션이 좋아요.)

☐ 작은 카펫이나 수건

☐ 현관 매트(표면이 거칠지 않은 것이 좋아요.)

활동 방법

① 부모님이 고른 물건들로 쭉 뻗은 길을 만들어요. 이때, 각 물건의 질감은 서로 달라야 해요.

② 아이에게 어떻게 길 위를 걸어야 하는지 보여 주세요. 팔을 양쪽으로 뻗으면 균형을 잡는 데 도움이 됩니다.

③ 아이가 직접 해 볼 수 있게 해요.

④ 처음에는 아이가 부모님에게 의지해야 할 테니, 손을 잡고 시작합니다. 아이가 더 자신감이 생기면, 혼자서 몇 발자국 걷게 해 봐요. 아이 곁에 있으면서 아이가 다시 균형을 잡을 수 있도록 도와주세요.

⑤ 쿠션 위를 걷는 것이 가장 까다로울 거예요. 그러니 균형을 잡기 위해 부모님의 손이 필요해요.

아이가 원하는 횟수만큼 반복해서 길을 걷게 해 주세요.

더 나아가기

아이가 활동을 완벽하게 익힌 후에, 다른 모양의 길도 시도
해 봅니다. 똑바른 길부터 구부러진 길까지 다양하게 걸어
보세요.

종류별로 정리해요

어린아이들은 쌓여 있는 물건을 탐구하고, 무리 지어 나누는 것을 좋아합니다. 이런 활동을 통해 아이는 주변을 정리하여 질서를 유지할 수 있고, 주변 세계에 관한 많은 정보를 얻을 수 있지요.

준비물

☐ 서로 다른 종류의 단추 4~6개 (아이가 삼키지 못하도록 큰 것이 좋아요.)

☐ 단추를 종류별로 담을 작은 그릇들

활동 방법

① 모든 단추를 모아 담은 그릇을 중앙에 놓아요.

② 단추를 담은 그릇을 중심으로 다른 그릇들을 둥글게 놓습니다.

③ 아이에게 모든 단추가 같은 크기와 모양으로 되어 있는지 물어 보세요.

④ 아이에게 단추들을 정리해서 다른 그릇으로 옮길 거라고 말해 주세요.

⑤ 단추를 하나씩 종류별로 각각의 그릇에 놓기 시작합니다. 이렇 게 하면 어떤 단추가 어느 곳으로 가야 하는지 분명해져요.

⑥ 아이가 단추들을 구분해서 올바른 그릇에 옮기게 하세요.

⑦ 단추들이 모두 정리되면, 아이는 이 활동을 처음부터 다시 하고 싶어 할지도 몰라요.

TIP ────────────

아이들이 단추를 삼키면 질식의 위험이 있어요. 가능한 크기가 큰 단추 를 사용하고, 활동하면서 아이에게 눈을 떼지 말고 잘 지켜보세요.

더 나아가기

꼭 단추뿐 아니라 작은 천 조각, 장난감 자동차, 동물 장난감 등 수많은 물건들을 이 활동에 응용할 수 있답니다.

3

어떤 소리일까?

~~~~~~~~~~~~~~~~~~~~~~~~~~~~~~~~~~~~~~

물건을 두드리면 소리가 난다는 것을 보여 주는 활동입니다. 아이에게 어떤 소리가 나는지 잘 들어 보라고 말해 주세요. 예를 들면, '시끄러운' 소리가 나는지, '부드러운' 소리가 나는지 말이지요. 아이가 소리를 구분하는 것을 충분히 익혔으면, 좀 더 섬세하게 들을 수 있도록 연습해 봐요. 각각의 소리를 가장 시끄러운 소리부터 가장 부드러운 소리까지 순위를 매겨 보는 것이지요. 이 장에 있는 모든 활동과 마찬가지로, 개념을 이해하는 것과 함께 이해한 것을 표현하기 위한 언어도 같이 배울 수 있답니다.

준비물

☐ 큰 소리 혹은 작은 소리를 낼 수 있는 물건 4~6개
(예시: 서로 부딪혀 소리를 낼 수 있는 냄비 뚜껑 2개, 커피 가루가 담긴 병처럼 흔들면 소리가 나는 재료)
☐ 물건들을 나를 수 있는 큰 쟁반

활동 방법

① 물건이 잘 보이는 곳에 아이를 앉히고, 쟁반을 여러분 앞에 놓으세요.

② 아이에게 이렇게 말해 주세요. "이제 이 물건들이 내는 소리를 듣고, 시끄러운 소리가 나는지 부드러운 소리가 나는지 이야기해 볼 거야."

③ 큰 소리를 내는 물건을 부딪혀 소리를 내 보세요. 그리고는 "소리가 시끄러워요"라고 말한 다음, 그 물건을 왼쪽에 놓아 둡니다. 부드러운 소리를 내는 물건도 같은 방식으로 한 다음, 물건을 오른쪽에 두세요.

④ 아이에게 물건 하나를 건네 주세요. 아이가 소리를 듣고 부드러운 소리를 내는지 시끄러운 소리를 내는지 구분하여 정리하게 합니다.

TIP
이 활동을 한 후, 귀 가까이에서 큰 소리를 내는 것은 위험하고 청력을 손상시킬 수 있다는 사실을 이야기해 주세요.

소리 맞히기 놀이

우리는 하루에 얼마나 많은 소리를 들을까요? 한번 조용히 세어 보면 깜짝 놀랄 거예요. 우리가 듣는 수많은 소리들은 뇌가 이미 이해하고 인지한 것이기 때문에 머릿속에서 금방 지워집니다. 하지만 아이들에게 있어서 대다수의 소리들은 식별이 필요한 미지의 세계지요. 이 놀이는 아이들이 다른 소리들에 대한 지식을 쌓을 수 있게 도와줍니다. 이후의 활동들은 아이들이 이런 소리들을 식별하고 듣기 능력을 발달시킬 수 있게 합니다.

준비물

☐ 넓은 쟁반
☐ 쟁반을 덮을 정도로 넓은 천
☐ 재미있는 소리를 낼 수 있는 물건들
(악기는 놀이를 방해할 수 있으니 사용하지 마세요.
아이의 주의가 흐트러질 수 있어요.)

활동 방법

① 아이를 여러분의 왼쪽에 앉히세요. 여러분 바로 앞에 쟁반을 두고, 물건들을 그 위에 올립니다.

② 아이에게 이렇게 말해 주세요. "우리는 소리 맞히기 놀이를 할 거야." 쟁반 위에 놓은 물건들을 가리키며 물건들의 이름을 크게 말해요.

③ 천으로 쟁반을 덮고, 천 아래에 있는 물건 중 하나를 선택합니다. 예를 들면, 아이에게 소리를 잘 들어 보라고 말한 후에, 천 아래에서 숟가락 두 개를 손에 쥐고 서로 부딪혀요.

④ 천을 벗기고 어떤 물건이었는지 크게 말하고 나서 물건을 집어서 아이에게 보여 주세요.

⑤ 어떤 물건이 그런 소리를 냈는지 분명하게 알 수 있도록, 아이에게 똑같은 소리를 내 보게 합니다. 쟁반 위에 있는 모든 물건으로 반복하세요.

TIP

귀 가까이에서 큰 소리를 내면 청력을 손상시킬 수 있다는 것을 다시 강조해 주세요. 만약 아이가 이 활동을 어려워하는 것 같으면 청력 검사를 받아 보는 게 좋아요.

아이가 자신감을 얻으면 물건들을 최대 6개까지 추가해요. 익숙하지 않은 소리를 내는 새로운 물건을 소개해 주세요. 아이가 성장하면서 그 물건과 물건의 이름에 더 익숙해지면, 어떤 물건이 그런 소리를 냈는지 추측해 볼 수 있습니다.

소리로 짝을 지어요

아이는 서로 다른 높이의 소리를 비교하고, 가장 시끄러운 소리부터 가장 부드러운 소리까지 순위를 매기는 법을 배웠습니다. 다양한 소리를 연결하는 연습을 하면, 아이의 듣기 능력은 더욱 섬세해질 거예요.

이러한 활동은 보기에는 쉬워 보이지만, 상당한 듣기 능력과 집중력을 요구합니다. 아이는 시각적인 도움 없이 소리를 한 번 들은 후, 다음 소리를 들을 때까지 기억에 전적으로 의존해야 하기 때문이지요.

준비물

□ 뚜껑이 불투명한 원통형 용기 6개

□ 마른 렌즈콩

□ 콩, 완두콩, 쌀

□ 바구니 2개

뚜껑 달린 용기 2개에 렌즈콩을 반 정도 채워요. 나머지 용기들도 같은 방식으로 곡물로 채웁니다. 곡물이 담긴 용기 6통을 2그룹으로 나누고, 바구니 1개에 3통씩 담아 주세요.

활동 방법

① 아이에게 곡물 통을 담은 바구니 하나를 테이블로 가져오게 해요. 나머지 하나는 부모님이 옮겨 주세요.

② 아이를 여러분의 왼편에 앉혀요. 그리고 바구니 하나는 왼쪽, 나머지 하나는 오른편에 테이블 뒤쪽을 향해서 놓아요. 바구니에서 곡물이 담긴 통들을 꺼내서 여러분 앞에 두세요.

③ 아이에게 이렇게 말해요. "이제 서로 다른 소리들을 짝지어 볼 거야." 왼쪽에서 곡물 통 하나를 들어서 오른손으로 흔들며 소리를 들어요.

④ 오른쪽에서 곡물 통 하나를 들어서 오른손으로 흔들며 소리를 들어요.

⑤ 첫 번째 곡물 통으로 돌아가서 소리가 일치하는지 확인합니다.

똑같은 소리를 찾을 때까지 오른편에 있는 곡물 통을 흔들어 확인해요. 곡물 통을 짝지어서 여러분 앞 왼쪽에 놓아요. 모든 곡물통이 짝지어질 때까지 계속 하세요.

⑥ 아이가 소리를 직접 들으면서 같은 소리끼리 짝지어 보도록 해요. 곡물 통들을 배열하여 아이가 직접 해 볼 수 있게 준비합니다. 아이가 짝지어 놓은 것이 맞았는지 확인하기 위해 곡물 통을 열어 봅니다.

더 나아가기

원통의 수를 늘려서 아이가 6쌍의 소리를 연결할 수 있을 때까지 시도해 봐요. 새로운 소리를 낼 수 있게 설탕, 커피 원두, 시리얼 같은 것들을 활용할 수 있어요.

달콤, 새콤, 짭짤

모든 음식은 고유한 맛을 가지고 있을 뿐 아니라 단맛, 신맛 또는 짠맛도 들어 있다는 사실을 아이가 알게 됩니다. 이 활동에서 아이는 음식을 3가지로 분리할 수 있어요. 맛을 잘 구분하기 위해 눈을 가리고 해야 하지요. 아이들이 눈을 가리고 먹는 것을 거부할 수도 있습니다. 하지만, 부모님이 먼저 그렇게 하는 모습을 보면 아이들도 안심하고 따라할 거예요.

준비물

☐ 단맛, 신맛, 짠맛을 내는 음식 3가지 (예시: 사과, 레몬, 짭조름한 과자)

☐ 접시 3개

☐ 키친타월

☐ 쟁반

☐ 안대

> TIP
> 음식은 한입에 들어갈 정도의 크기로 잘라야 해요.
> 각각의 음식을 하나의 접시에 놓고 쟁반 위에 올려요. 키친타월을 쟁반 위에 나란히 놓아요.

활동 방법

① 아이들이 잘 볼 수 있는 곳에 앉게 해요. 쟁반을 여러분 앞에 놓고, 키친타월은 여러분과 가까이 위치하게 해요. 쟁반 위가 이 활동을 위한 공간입니다.

② 아이에게 이렇게 말해 주세요. "엄마는 음식이 짠맛인지, 신맛인지, 단맛인지 확인하기 위해 맛을 보려고 해. 눈으로 보지 않고 혀로만 맛을 느껴 볼 거야."

③ 안대를 쓰고 음식 하나를 선택하세요. 짠맛이 나면 쟁반의 왼쪽에 놓습니다. 신맛은 가운데에, 단맛은 오른쪽에 두어요. 각각의 음식을 맛보면서 이렇게 말해요. "이건 짠맛이네/신맛이네/단맛이네." 모든 음식을 맛볼 때까지 계속합니다.

④ 안대를 벗고 아이가 음식을 구분해 보도록 합니다. 아이에게 익숙하지 않은 음식이 있거나 먹어 보려 하지 않을 수도 있어요. 그럴 때에는 음식을 핥아 보거나, 맛이 느껴질 정도의 조각만큼만 시도하게 해 보세요. 아이가 맛본 음식을 아주 좋아하면 먹도록 두는 것도 괜찮아요. 그리고 나서 키친타월 위에 올려놓을 다른 조각을 가져오게 하세요.

더 나아가기

음식의 종류를 바꾸고, 맛볼 음식의 수를 3개에서 5개 혹은 8개까지 늘려 봐요.

과일일까 채소일까

이 활동은 아이의 촉각을 발달시키는 데 도움이 됩니다. 서로 다른 과일과 채소의 모양과 질감을 느껴보는 거지요. 동시에 아이는 과일과 채소에 관한 지식까지 넓힐 수 있답니다.

준비물

☐ 크기, 모양, 질감이 서로 다른 과일 혹은 채소 3개

(예시: 사과, 바나나, 감자)

☐ 안대

활동 방법

① 아이에게 과일인지 채소인지 맞히는 놀이를 할 거라고 설명해 주세요.

② 아이가 과일과 채소를 놀이 공간으로 가져오게 합니다. 방바닥이나 키가 낮은 테이블에서 할 수 있어요.

③ 과일과 채소를 놀이 공간의 가운데에 안대와 함께 놓습니다.

④ 과일이나 채소의 이름을 아이에게 말해 주면서 과일과 채소를 훑어봅니다.

⑤ 안대를 어떻게 써야 하는지 시범을 보여 줍니다.

⑥ 과일이나 채소 하나를 잡아 봅니다. 모양, 크기, 질감에 대해 이 야기하면서 손으로 느껴요.

⑦ 과일 혹은 채소의 이름을 짐작해 보고 크게 말해 봅니다.

⑧ 안대를 벗어서 아이에 건내 주고 안대를 써 보게 합니다. 아이 가 안대를 싫어할 수도 있어요. 그럴 때에는 그냥 눈을 감게 하 거나 손으로 눈을 가리게 해도 됩니다.

TIP

아이가 과일이나 채소를 구별하여 말하기 힘들어하면, 과일이나 채소 의 이름을 큰 소리로 말해 주면 도움이 될 거예요. 아이에게 충분히 넉넉 한 시간을 주세요. 이 활동은 감각 훈련이니, 너무 많은 언어 활동으로 아이를 힘들게 하지 말아야 합니다.

맛을 보면 알아요

음식은 우리의 삶에서 큰 부분을 차지하지요. 아이가 성장하면서 음식에 대해 긍정적인 태도를 갖게 하는 것도 중요합니다. 이 활동은 오직 미각만으로 아이가 음식에 대한 지식을 탐구하고 시험하게 하지요. 아이가 이 놀이를 잘 익히면 새로운 음식을 소개하는 좋은 기회가 될 수도 있어요. 부모님이 새로운 음식을 먹는 것을 보면 아이도 그 음식에 쉽게 다가갈 수 있답니다.

준비물

☐ 맛이 확실히 구분되는 6가지 음식

☐ 작은 접시 혹은 그릇 6개

☐ 안대

☐ 쟁반

활동 방법

① 각각의 음식을 개별적인 접시나 그릇에 올려놓고, 안대와 함께

쟁반 위에 일렬로 놓아요. 쟁반은 테이블 위에 놓습니다.

② 아이를 옆에 앉히고 이렇게 말해 주세요. "음식 알아맞히기 놀이를 해 볼까?"

③ 아이가 각각의 음식을 맛보고, 음식의 이름을 말할 수 있도록 하는 거예요. 한 번에 하나씩 시작해요.

④ 부모님이 안대를 쓰고 음식 중 하나를 골라서 먹어 보고, 말하는 것을 보여 주세요. 예를 들면 "이건 구운 콩 같아"처럼요.

⑤ 안대를 벗고 이번에는 아이가 해 볼 수 있도록 해요.

⑥ 아이가 안대를 쓰게 한 다음, 아이의 손을 접시 중 하나로 이끌어 주세요. 아이가 음식을 먹어 보게 해요. 아이가 잘 맞히면 오른쪽 접시로 이동합니다. 만약 아이의 답이 틀리면 접시를 왼쪽으로 옮겨서 나중에 다시 해 볼 수 있게 하세요.

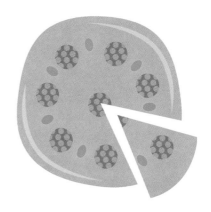

킁킁! 냄새를 맡아요

아이들은 항상 주변에서 나는 냄새에 대해 말하려 합니다. 그래서 아이들은 이 활동을 재미있어 할 거예요. 아이가 냄새를 맡아보고 기분 좋은 냄새와 나쁜 냄새를 분류하게 하는 것이지요. 서로 다른 냄새를 설명하는 어휘를 더 많이 알게 되는 기회이기도 합니다. 단, 주변에 있는 냄새를 탐구할 때 해로운 연기를 내뿜는 물질도 있다는 것을 아이에게 꼭 알려 주세요. 활동을 할 때 유독성의 화학용품을 사용해서는 안 되며, 항상 뚜껑을 안전하게 잠가 놓아야 합니다.

준비물

☐ 서로 다른 냄새를 가진 물건 6개
(예시: 향수, 면도 후 바르는 화장수, 아로마 오일, 꽃, 귤, 레몬, 커피, 식초 등)
☐ 병이나 뚜껑 같이 작은 그릇 6개
☐ 탈지면
☐ 쟁반

활동 방법

① 각각의 탈지면을 서로 다른 냄새를 가진 액체로 적셔요. 만약 귤이나 레몬을 사용한다면 즙을 짜서 적시면 됩니다. 먹을 것과 냄새를 분리해야 하기 때문이지요. 각각의 탈지면을 개별 그릇에 담고, 뚜껑을 닫거나 랩 혹은 알루미늄 호일로 덮어 놓아요.

② 탈지면이 담긴 그릇들을 뚜껑을 닫은 채로 약 5분 정도 그대로 둡니다. 냄새가 탈지면 안으로 스며들게 기다려요.

③ 좋은 냄새가 담긴 그릇 하나를 쟁반의 오른쪽 앞에 놓아요. 나쁜 냄새가 담긴 그릇 하나를 쟁반의 왼쪽 앞에 놓아요. 나머지 그릇들은 쟁반의 뒤쪽에 놓습니다.

④ 아이가 잘 볼 수 있는 곳에 앉게 해요. 여러분 앞에 있는 쟁반을 가운데에 옮겨 놓고, 아이에게 이렇게 말해요. "엄마는 냄새를 맡아 보면서 좋은 냄새와 나쁜 냄새를 구분할 거야."

⑤ 오른쪽의 좋은 냄새가 담긴 그릇을 집어 들어요. 뚜껑을 열고 (혹은 랩이나 호일을 벗기고) 냄새를 맡으면서 이렇게 말해요. "아주 좋은 냄새가 나는구나." 그러고 나서 그릇을 테이블의 오른쪽에 올려 놓습니다. 여러분이 냄새의 종류를 말하기 전에, 아이에게 냄새를 맡고 있다는 것을 알려 주세요. 코를 대고 냄새를 맡는 모습을 보여 주는 것이지요.

⑥ 나쁜 냄새가 담긴 그릇도 맡으면서 "나쁜 냄새가 나는구나" 혹은 "냄새가 고약하구나"라고 말해 주세요. 그리고 그릇을 테이블의 왼쪽에 올려 놓습니다.

⑦ 이제 아이에게 냄새를 분류하게 해요. 나쁜 냄새가 나는 것들은 왼쪽에, 좋은 냄새가 나는 것들은 오른쪽에 놓게 합니다.

⑧ 그릇을 아이 앞에 정확히 준비해 주세요. 아이가 부모님이 했던 것과 같은 방식으로 전체 활동을 해 볼 수 있게 말이지요.

더 나아가기

냄새의 수를 6개에서 8개로 늘려요. 그리고 냄새를 연결하는 놀이를 해 보세요. 똑같은 냄새로 짝지어진 두 세트의 그릇을 사용합니다. 각각의 그릇을 쟁반의 한쪽 끝에 놓습니다. 똑같은 냄새를 어떻게 찾아내는지 부모님이 아이에게 먼저 보여 주세요.

무슨 냄새일까?

후각은 가장 강력한 감각 중 하나입니다. 특정 냄새를 맡으면 어느 휴일이나 장소가 떠오르지 않나요? 냄새가 어떻게 과거의 일을 기억나게 하는지 참 신기하지요. 여기에 간단하지만 효과적인 놀이가 있습니다. 이 활동은 아이가 서로 다른 냄새를 구별하고, 그것들에 대한 기억을 시험할 수 있는 기회가 될 거예요.

준비물

☐ 냄새가 확실히 다른 재료 여섯 종류(액체 혹은 분말)

☐ 탈지면

☐ 뚜껑 있는 병(그릇) 6개

☐ 작은 쟁반

TIP

아로마 오일은 다른 재료들과 확연히 다른 향을 가지고 있어서 좋아요. 예를 들면 라벤더, 차나무, 오렌지주스처럼 말이지요. 허브도 좋은 선택입니다.

활동 방법

① 향이 나는 재료를 각각 탈지면 위에 뿌리고, 병에 담은 후 뚜껑을 닫아요.

② 병들을 쟁반 위에 줄지어 놓고, 테이블로 옮깁니다.

③ 아이를 여러분 옆에 앉히고 이렇게 말해요. "냄새 맞히기 놀이를 해 볼까?" 그리고 앞 장에서 냄새를 맡는 활동을 얼마나 잘했는지 이야기해 주세요.

④ 아이에게 모든 재료를 한 번에 하나씩 보여 주면서 시작해요. 아이가 각각의 병을 열어 보게 합니다. 그리고 부모님이 직접 냄새를 맡아 본 후, 재료의 이름을 말해 주고 나서 아이에게 넘겨주세요. 아이가 냄새를 맡아 보고 이름을 반복하게 해요.

⑤ 이제 아이가 각각의 병에 담긴 냄새를 직접 맡아 보고, 재료의 이름을 말해 봅니다.

⑥ 아이가 확실하게 아는 향을 담은 병은 오른쪽에 놓게 해요. 확실하지 않은 향을 담은 병은 왼쪽에 두게 해요. 왼쪽은 나중에 다시 맡아 보는 것이지요.

병 3개로 시작해서 6개까지 해 볼 수도 있어요. 아이에게 익숙한 향을
선택해요. 아이가 눈을 감고 향에 집중하는 것도 괜찮아요.

더 나아가기

아이에게 냄새를 맡으면 해로운 물질이 있다는 것을 알려 줄
수 있는 활동이에요. 그러니 냄새를 맡기 전에 꼭 어른과 확
인해야 한다고 말해 주세요.

여러분은 어렸을 때 꽃잎으로 향수 만드는 걸 좋아하지 않았
나요? 향수 가게를 만들어서 역할놀이를 할 수도 있어요. 다
양한 병들을 모은 다음, 아이가 라벨을 붙여 향수병을 만들
게 해요. 아이가 라벨을 직접 만들어 볼 수도 있겠네요.

길을 따라 걸어요

아이들은 길을 따라가는 것을 아주 좋아합니다. 특히 그 끝에 보물이 있다는 것을 알면 말이죠. 이 놀이는 많은 아이들과 함께 할 수도 있고, 형제자매도 함께 하기 좋은 놀이입니다. 걷는 것을 좋아하지 않는 아이라도 괜찮아요. 길을 따라 가는 즐거움에 빠져서, 운동하고 있다는 것을 알아채지 못할 겁니다.

준비물

□ 야외 공간

□ 분필

□ 밀가루

□ 보물 (예시: 스티커, 비스킷, 초콜릿 동전 등)

활동 방법

① 활동하기 좋은 근처 야외 공간으로 나가요. 정원이나 공원, 숲 어디든 좋아요.

② 분필로 길을 만들어요. 큰 화살표로 길에 표시해 주세요. 화살표를 그릴 공간이 없으면 밀가루로 표시해도 괜찮아요.

③ 길은 30분쯤 걸을 수 있는 정도가 좋아요.

④ 아이들에게 이렇게 말해요. "얘들아, 이제 길을 따라 갈 거야. 걸어가면서 하얀 화살표나 밀가루의 흔적을 찾아보는 거야."

⑤ 아이들 중 한 명에게 가장 좋아하는 동작 3개를 알려 달라고 해요. 다른 아이들은 동작의 순서를 따라하며 걷게끔 합니다.

⑥ 길 끝에 다다르면, 아이들에게 보물로 보상을 해주세요. 스티커에서 아이들이 좋아하는 비스킷까지 뭐든 괜찮아요. 심지어 중간중간 초콜릿 동전을 숨겨 놓는 것도 괜찮답니다.

TIP

아이들이 길을 따라갈 때, 여러분과 너무 멀리 떨어지지 않게끔 하세요. 아이들은 항상 부모님의 시야에 있어야 해요.

화살표와 밀가루 흔적은 아이들의 눈높이에서도 잘 보여야 합니다.

높이와 길이를 배워요

막대를 이용해서 길이의 개념을 소개할 수 있어요. 이 활동에서는 가장 짧은 막대에서부터 가장 긴 막대를 이용해서 계단을 만들 거예요. 아이는 각 막대의 길이와, 막대를 어디에 맞춰야 계단을 만들 수 있을지 짐작해야 합니다. 키가 다양한 가족사진을 보여 주면서 똑같은 개념을 설명할 수 있어요. 심지어 키가 가장 큰 사람부터 가장 작은 사람까지 줄을 세울 수도 있지요.

준비물

□ 227쪽의 워크시트 ①

□ A3 크기의 종이

□ 두꺼운 판지

□ 가위

□ 파란색과 빨간색 사인펜

□ 풀

□ 쟁반

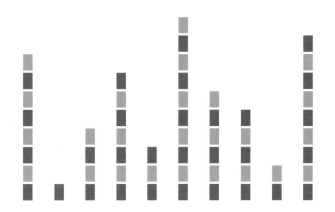

활동 방법

① 막대를 쟁반 위에 임의 순서대로 배열해요. 아이가 잘 볼 수 있게 해야 합니다.

② 막대를 여러분 앞에 수평으로 놓아요. 역시 아이가 확실히 볼 수 있게 해야겠죠?.

③ 아이에게 막대를 쌓아서 가장 짧은 것부터 시작하는 계단을 만들 거라고 말해 주세요.

④ 가장 짧은 막대를 선택해서 여러분 앞에 놓아요. 여러분이 막대를 고를 때, 여러분이 다음 길이를 찾고 있다는 것을 아이가 볼 수 있도록 오른손을 끝까지 움직여요.

⑤ 가장 긴 막대로 마무리되는 계단의 나머지 부분을 만들어요.

⑥ 아이에게 이렇게 말해 주세요. "엄마는 계단을 해체할 거야. 이 번엔 네가 직접 만들어 볼까?"

⑦ 막대를 한 번에 하나씩 무작위로 아이의 오른쪽 앞에 놓아요.

⑧ 아이가 계단을 만들게 합니다.

TIP ———————
아이들이 계단의 효과를 분명하게 볼 수 있도록, 색칠한 막대들이 똑바로 정렬되었는지 확인해요.

더 나아가기

길고 짧은 것에 대한 수학적인 언어를 강화할 수 있는 기회가 될 수 있어요. 아이가 가족들의 키를 비교할 수 있도록 이렇게 물어보세요. "누가 키가 가장 작지/크지?"

'무겁다', '가볍다'와 같이 무게에 대한 수학적인 언어를 소개할 수도 있습니다. 서로 다른 무게를 가진 음식을 아이가 비교하게 해 보세요. 아이의 손을 저울처럼 활용할 수 있지요.

13

재미있는 색깔 놀이 ①

아이들은 색깔에 끌려요. 이번에 할 색깔 맞추기 활동은 원색, 보조색을 맞추고 마지막으로 한 가지 색의 색조를 구분하는 것이에요. DIY 매장이나 인터넷에서 구할 수 있는 페인트 색상표를 사용할 거예요. 그중 가장 밝은 원색들을 골라요.

준비물

☐ 페인트 색상표 6개 (빨간색 2개, 파란색 2개, 노란색 2개)

☐ 가위

☐ 그릇이나 바구니

TIP ─────────

색상 조각에서 가장 밝은 색조를 직사각형으로 잘라내요. 빨간색 2장, 파란색 2장, 노란색 2장을 준비해요. 직사각형의 색종이를 그릇에 담아요.

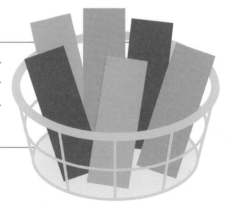

활동 방법

① 아이에게 색종이가 담긴 그릇을 테이블로 가져오게 합니다. 재료와 동작이 잘 보이는 곳에 아이를 앉혀요.

② 그릇을 앞에 놓은 채로 색종이를 모두 꺼내 주세요. 색종이 조각의 절반을 가로로 한쪽에 정렬하고, 나머지 절반은 세로 기둥 모양으로 놓습니다.

③ 아이에게 이렇게 말해요. "우리는 이제 색깔 맞추기 놀이를 할 거야." 세로로 세워 놓은 색상 기둥의 맨 아래 색깔부터 시작해요. 가로로 정렬해 놓은 색깔 조각에서 일치하는 색을 찾아서 짝을 짓는 거예요.

④ 부모님이 시범을 보이고, 아이가 나머지 색깔들을 짝짓게 해요.

더 나아가기

초록색, 주황색, 보라색 같은 보조색을 더해요.

한 가지 색상의 색조를 맞추는 활동을 진행해요. 동일한 색의 색상 조각을 색의 농도에 따라서 직사각형으로 잘라낼 수 있답니다. 이어지는 활동을 참고하세요.

재미있는 색깔 놀이 ②

아이가 원색과 보조색을 배우고 나면 여러 가지 색상을 알아보는 단계로 넘어가요. 아이는 농도의 차이를 보고 색깔을 맞춰야 합니다. 연장 활동으로 가장 밝은 색부터 가장 어두운 색까지 정리하도록 해 봐요.

준비물

☐ 페인트 색상표 2장 (어떤 색이든 괜찮아요.)

☐ 가위

활동 방법

① 페인트 색상표를 색깔의 농도에 따라 개별적으로 잘라 내요.

② 잘라 낸 색종이 조각들을 한 곳에 모아서 쌓아 두세요. 그 위에 자르지 않은 페인트 샘플표를 올려 놓아요.

③ 아이를 불러서 이렇게 말해요. "엄마가 색종이로 무엇을 하는지 보렴."

④ 잘라낸 색종이들을 아이와 함께 바닥에 넓게 펼쳐 놓고 이렇게 말해요. "이제 색깔을 맞춰 볼까?"

⑤ 색종이 한 조각이나 두 조각 맞추는 것을 아이에게 시범적으로 보여 줍니다.

⑥ 이제 아이가 이어서 색깔 맞추기 활동을 마무리할 수 있게 해 주세요.

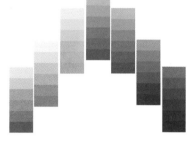

TIP

처음부터 모든 단계의 농도로 나뉜 색을 사용하지 않아도 됩니다. 4단계까지 해보고 나서, 전체 세트로 진행해도 괜찮아요.
부모님이 시범을 보여 줄 때에는 천천히 하는 것이 좋아요. 그리고 아이가 무엇을 해야 하는지 잘 이해할 수 있게, 일치하는 농도의 색을 찾았을 때에는 과장된 모습을 보여 주세요.

더 나아가기

잘라낸 색종이를 가장 밝은 색에서부터 가장 어두운 색까지 왼쪽에서 오른쪽으로 배열하게 해요. 아이는 우선 가장 밝은 색을 찾아내고, 그 다음에는 가장 어두운 색을 찾습니다. 그리고 둘 사이에 있는 다른 색들을 찾아야 해요.

온도를 느껴요

아이의 촉각으로 사물을 분류하는 활동입니다. 가장 차가운 것부터 가장 따뜻한 것까지 다양한 온도를 느낄 수 있어요. 다양한 주제를 소개하기에 훌륭한 활동입니다. 예를 들면, 왜 어떤 재료가 특정 종류의 일을 하기에 가장 좋은지, 그리고 몸이 아프면 어떻게 체온이 높아지는지 같은 것들 말이지요.

준비물

☐ 표면 온도가 다른 물건 3~8개

☐ 무늬가 없는 쟁반

☐ 안대 (선택 사항)

TIP

표면 느낌이 아주 다른 물건들을 준비해 주세요. 물, 금속, 타일, 나무 또는 코르크, 대리석, 양모, 플라스틱처럼 대조적인 물건들이 좋습니다.

활동 방법

① 모든 물건들을 안대와 함께 쟁반 위에 일렬로 나란히 놓아요.

② 아이를 테이블로 불러서 물건들을 보여 주면서 말해요. "가장 차가운 것부터 가장 따뜻한 것까지 온도를 느끼면서 물건들을 정리할 거야."

③ 아이 앞에서 안대를 쓰고 말해 주세요. "엄마는 지금부터 가장 차가운 물건을 찾을 거야." 그리고 각 물건을 차례로 만지면서 가장 차가운 물건을 찾아요. 찾은 물건은 테이블의 왼쪽 밑부분에 놓습니다.

④ 가장 따뜻한 물건을 똑같은 방식으로 찾아서 오른쪽에 놓아요. 다른 물건들을 모두 찾을 때까지 이 단계를 반복합니다.

⑤ 안대를 벗고 물건들을 다시 쟁반 위에 올려 놓습니다. 이제 아이가 할 차례예요.

⑥ 아이가 안대를 쓰게 해요. 그리고 아이의 손을 쟁반으로 이끌며 말해 주세요. "가장 차가운 것을 먼저 찾는 거야. 그러고 나서 가장 따뜻한 것을 찾는 거야. 그 다음에 다른 것들을 찾아보자."

TIP

어린아이들은 3~4개의 물건으로 시작한 후에 더하는 것이 좋아요. 안대는 촉감을 높여 주지만 아이가 불편함을 느낄 수도 있으니 선택적으로 사용해요. 꼭 안대를 쓰지 않아도 눈을 감고 하면 됩니다.

더 나아가기

온도에 대해 이야기해 볼 수도 있어요. 예를 들면 날씨, 요리, 냉장고 온도계, 목욕물, 핫초코나 아이스크림 같은 음식, 얼음이 어떻게 만들어지는지 같은 것들이요.

손끝으로 만지기

사포를 이용해 '거칠다', '매끈하다' 같은 말을 접할 수 있는 간단한 활동이에요. 사포는 촉각을 자극하고, 반대의 질감을 가진 것들을 설명하는 데 아주 좋은 재료입니다. 아이는 손가락의 감각을 예민하게 하기 위해 손을 씻어야 해요.

준비물

☐ 거친 사포

☐ 매끈한 사포

☐ 그릇 또는 바구니

활동 방법

① 각각의 사포를 6조각으로 잘라서 바구니에 담아요.

② 아이가 잘 볼 수 있는 곳에 앉게 하고, 사포가 담긴 바구니를 여러분 앞에 두세요. 사포 조각들을 꺼내서 바구니 앞에 일렬로 늘어 놓습니다.

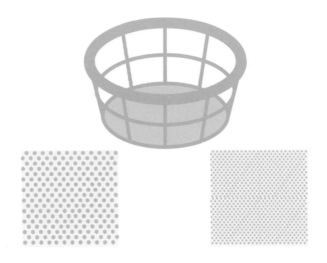

③ 아이에게 이렇게 말해요. "엄마가 사포를 만지면서 거친 것과
매끈한 것을 찾아낼 거야."

④ 두 번째와 세 번째 손가락 끝만 사용하여 왼쪽에 놓인 사포부터
차례로 느껴보세요. 거친 사포 조각을 찾으면 "거칠어"라고 말
하고 여러분의 왼쪽에 놓아요.

⑤ 다시 사포가 놓인 곳으로 돌아와서 매끈한 사포 조각을 찾아내
세요. 매끈한 것을 찾으면, "매끈해"라고 말하고 여러분의 오
른쪽에 놓아요.

⑥ 사포 두 조각을 아이 앞에 건네 주고, 같은 방식으로 아이가 손
가락 끝으로 사포를 느껴 보게 해요. 아이가 사포 표면을 만지
면, 다시 한번 만져 보게 하세요. 이번에는 부모님이 "거칠다",
"매끄럽다"라고 말하고, 아이가 따라하게 해요.

⑦ 이제 방금 만진 사포 조각들을 집어서 여러분 앞에 두세요. 나머지 사포 조각들을 거친 것들과 매끄러운 것들로 나누어요. 여러분이 각각의 조각을 만질 때마다 "거칠다" 또는 "매끄럽다"라고 말하세요.

⑧ 사포 조각들을 모두 다시 바구니에 옮겨 담고, 아이가 사포 조각들을 정리하게 해요.

TIP

아이가 왼손잡이일지라도 활동은 언제나 왼쪽에서 오른쪽 방향으로 진행하세요. 아이에게 '읽기'를 준비시키기 위해서랍니다.

더 나아가기

아주 거친 사포와 아주 매끄러운 사포처럼 확연히 다른 두 개의 사포를 사용해 봐요. 이 활동을 반복하면서 아이에게 이렇게 말해요. "엄마는 어떤 것이 가장 거친 조각인지 느껴 볼 거야." 가장 거친 것을 찾으면, "이게 가장 거친 사포 조각이네"라고 말하고 사포 조각을 한쪽 끝에 놓아요. 반복해서 어떤 것이 가장 매끄러운지 느껴 봅니다. 가장 매끄러운 것을 찾으면, 오른쪽에 놓아요.

반대되는 촉감

아이는 사물의 질감이 촉각 경험에 어떤 영향을 미치는지 생각해야 해요. 이런 개념이 이해되면, 만질 때 구부러지는 물체는 '부드러운' 것이고 아무 변화가 없는 물체는 '딱딱한' 것이라는 사실을 배우게 됩니다. 바로 앞선 활동처럼 정반대의 촉감을 먼저 소개해요. 그리고 아이가 학습한 것을 확장시키면 됩니다. 부모님이 순서대로 단계를 따르는 것이 아주 중요합니다.

준비물

□ 딱딱하거나 부드러운 물건 6~8개
(예시: 구슬, 나무, 점토 등)
□ 바구니 또는 그릇

활동 방법

① 바구니를 여러분의 앞에 놓고 아이는 잘 볼 수 있는 곳에 앉히세요. 바구니에서 딱딱한 물건 하나를 꺼내서 여러분의 왼쪽에 놓고, 부드러운 물건 하나를 꺼내서 오른쪽에 놓아요.

② 여러분의 손가락 끝으로 딱딱한 물건을 만지면서 '딱딱하다'라는 단어를 말해요. 부드러운 물건도 똑같이 만지면서 '부드럽다'라는 단어를 말해요.

③ 방금 만졌던 두 물건을 아이에게 건네 주며 이렇게 말해요. "엄마가 한 것처럼 물건의 겉을 손끝으로 느껴 봐."

④ 아이가 물건들의 표면을 만지면, 다시 한번 촉감을 느껴 보게 해요. 이번에는 "딱딱한" 그리고 "부드러운"이라고 말해 주세요.

⑤ 아이가 나머지 물건들을 딱딱한 것과 부드러운 것으로 나눌 수 있게 해요.

TIP

아이가 딱딱한 것과 부드러운 것의 차이를 확실하게 느낄 수 있도록, 촉감이 아주 대조되는 물건들을 준비해요. 부드러운 물건들은 만지면 구부러진다는 것을 아이가 이해할 수 있도록, 부모님이 실제로 물건을 손가락으로 누르면서 아이에게 보여 주세요.

더 나아가기

아이에게 물건을 가장 딱딱한 것부터 가장 부드러운 것까지 어떻게 순위를 매기는지 알려 주면 어떨까요?

아이가 촉각만으로 물건을 분류할 수 있도록 눈가리개를 준비해요. 아이에게 어떻게 하는지 보여 줄 때에는 "엄마는 손끝으로 가장 딱딱한 물건을 느끼고 있어"라고 말하면서 물건을 왼쪽으로 옮겨 놓아요. 그 다음에는 "가장 부드러운 물건을 느끼고 있어"라고 말해요. 다른 물건들을 계속해서 비교하면서 분류해요.

이번에는 아이에게 온도로 물건을 분류하는 법을 알려 줄까요? 가장 차가운 물건과 가장 따뜻한 물건을 알 수 있지요. 코르크, 구슬, 나무, 돌, 모직처럼 표면 온도가 다른 물건들을 준비합니다. 그리고 눈가리개를 사용해서 온도 놀이를 해 봐요. 15번 활동을 참고하면 돼요.

재질을 비교해요

아이는 천을 가지고 놀면서 분류하고, 순위를 매기고, 짝을 찾는 법을 배울 수 있어요. 유념할 점은 이 활동을 하기 전에 사포 놀이를 먼저 해야 해요. 아이가 '거칠다', '매끄럽다', '가장 거칠다', '가장 매끄럽다' 같은 표현들을 이미 알고 있어야 하거든요. 그리고 촉각으로만 천 조각을 분류해야 하기 때문에, 아이는 눈가리개를 사용해야 해요. 시작하기 전에 활동 방법의 모든 단계를 잘 읽어 보세요.

준비물

☐ 가로 10센티미터 × 세로 10센티미터의 천 조각 6개
☐ 바구니
☐ 눈가리개

> TIP ─────────────
> 이 활동에서는 천이 중요해요. 실크, 새틴, 면, 코르덴, 벨벳, 양모, 헤시안 직물처럼 서로 다른 천 조각들을 준비해 주세요.

활동 방법

① 천 조각들을 바구니 앞에 한 줄로 배열하고, 아이에게 이렇게
말해 주세요. "이제 엄마가 천 조각들 중에 어떤 것들이 거칠고
어떤 것들이 부드러운지 알아볼 텐데, 눈을 가리고 손가락 느낌
으로만 알아낼 거야." 그리고 눈가리개를 착용해요.

② 한 줄로 놓인 천을 만져 보면서 거친 천 조각 하나를 고르세요.
엄지와 검지, 중지 사이에 끼우고 문지르는 동작을 합니다. 천
조각의 질감을 다시 느끼면서 "거칠다"라고 말하고, 테이블의
왼쪽에 내려 놓아요.

③ 천 조각들을 만지면서 부드러운 것을 찾으면 "부드럽다"라고
말해요. 모든 천 조각을 거친 것과 부드러운 것 두 종류로 나눌
수 있을 때까지 계속 하세요.

④ 눈가리개를 벗어서 바구니 안에 내려 놓아요. 천 조각들을 다시

섞은 후에 아이가 손가락의 느낌으로 천 조각들을 분류하게 해요. 부모님은 아이가 눈가리개를 쓰는 것을 도와줘야 할 수도 있어요. 만약 아이가 눈가리개 쓰는 것을 무서워하면, 그냥 눈을 감아도 된다고 말해 주세요.

TIP
아이에게 질문을 할 때는 답을 말해 주기보다는 아이가 대답하는데 도움이 되는 단서나 힌트를 주는 게 좋아요. 아이가 생각할 시간을 충분히 주세요.

더 나아가기

겉이 거칠거나 매끄러운(부드러운) 것들을 찾아서 촉감을 느껴 보는 활동을 할 수 있어요. 예를 들면, 아이에게 이렇게 말해 보세요.

"저 나무의 껍질이 거친지, 매끄러운지 궁금하네."
"저 나뭇잎이 거친지, 매끄러운지 궁금하네."
"나뭇잎과 나무껍질 중에서 어느 것이 더 거친지 혹은 더 매끄러운지 궁금해."

저울로 변신해요

~~~~~~

아이에게 물건 두 개의 무게를 비교해 보라고 하면, 대부분의 아이들은 둘 중에서 크기가 큰 물건이 더 무겁다고 대답할 거예요. 이번 활동으로 아이가 어떤 물체의 무게는 그것의 크기와는 관련이 없다는 것을 배우게 해요. 이 활동은 '물체의 무게는 질량에 의해 측정된다'는 사실을 이해하기 위한 출발점입니다. 하지만, 학습 효과에 비해 놀이는 단순합니다. 아이가 인간 저울이 되어, 완전히 다르게 생긴 2개의 물체를 비교하게 해 보세요. 물건들의 모양과 크기가 비슷할수록 더 어려워진답니다.

준비물

두 개의 세트를 준비해요.

☐ A세트: 대조적으로 생긴 다양한 물건들 (예시: 돌과 깃털, 깡통과 티백 등)
☐ B세트: 크기와 무게가 비슷한 물건들

활동 방법

① 먼저, 아이에게 저울을 보여 주고 어떤 용도로 사용할 수 있을지 물어봐요. 아이가 자신 없어 하면, 저울을 어떻게 사용하는지 부모님이 보여 줍니다. 어떤 물건의 무게를 아는 것이 왜 유용할 수 있는지 물어보세요.

② 아이에게 이렇게 설명해 주세요. "이제 네가 직접 저울이 되어서, 물건 2개 중 어떤 것이 더 무거운지 비교해 볼 거야."

③ A세트에서 대조적인 물건 2개를 골라서 한 손에 하나씩 올려놓아요.

④ 부모님이 먼저 시소 동작을 흉내 내면서 두 물건의 무게를 비교하는 모습을 보여 주세요.

⑤ 물건을 아이의 손에 올려놓기 전에 먼저 아이에게 이렇게 물어 보세요. "둘 중에서 어떤 게 더 무거울까?"

⑥ 아이가 이 활동을 이해했다면, B세트에 있는 물건들의 무게를 비교하는 단계로 이동합니다.

더 나아가기

무게를 재기 위한 장치들을 어디에서 찾을 수 있는지 아이가 생각해 보게 해요. 예를 들면 병원에는 체중계가 있고, 공항에는 여행 가방의 무게를 재는 컨베이어 벨트가 있지요. 함께 요리를 할 때, 아이가 재료들의 무게를 재어 보게 해도 좋습니다. 바로 다음에 이어지는 활동도 해 보세요.

양팔저울 만들기

시소 움직임을 이용해서 무게를 비교했던 활동을 자연스럽게 확장한 활동입니다. 시소는 양팔저울이 어떻게 작동하는지 설명하기에 유용하지요. 시소가 있는 놀이터에 가 보면 더욱 좋을 거예요. 놀이터에서 시소의 한쪽 끝에 아이가 앉고, 반대편에 어른이 앉으면 시소가 어떻게 될 지 아이에게 물어보세요. "과연 어느 쪽이 올라가고 어느 쪽이 내려갈까?"

준비물

☐ 스커트용 집게가 2개 달린 옷걸이

☐ 길이가 똑같은 철사 4개 (약 35센티미터)

☐ 종이컵 혹은 깨끗한 요거트 통 2개

☐ 무게를 잴 작고 가벼운 물건들 (예: 빨래집게)

활동 방법

① 아이에게 놀이터에서 본 시소
와 비슷하게 움직이는 양팔저
울을 만들 거라고 설명해 주세요.

② 철사 1개로 컵 테두리 둘레를 감싸요.
20센티미터 정도 길이는 남겨 두어요.

③ 다른 철사로 똑같이 반복해요. 20센티미터 길이가 남은
철사 2개를 서로 꼬아서 연결해요. 이렇게 하면 양팔저울의 한
쪽 손잡이가 만들어져요.

④ 다른 컵도 똑같이 반복해요.

⑤ 철사 손잡이를 이용하여 컵을 각각의 옷걸이 스커트용 집게 중
앙에 조심스럽게 고정해요.

⑥ 완성된 저울을 문손잡이에 걸어요. 저울이 완성되었으니 다양
한 물체를 측정하면서 즐거운 시간을 보낼 수 있어요.

TIP

철사가 꼬인 상태로 잘 있으려면 접착제 퍼티(putty) 또는 접착레이
프가 필요할 수도 있어요.

두 물건의 무게 차이가 많이 날 경우, 저울의 균형을 맞추기
위해 얼마나 더 많은 물건이 필요한지 탐구해 봐요.

아이에게 다음과 같은 질문을 해 보세요.
"이 물건이 무엇으로 만들어진 것 같아?"
"물건을 만든 재료가 무게를 결정할 수 있을까?"

주머니에 무엇이 있을까?

아이들은 촉감에 대한 기억을 시험하는 이 놀이를 정말 좋아해요. 이전 활동에서 겪었던 모든 촉각적 경험을 한자리에 모아 보는 겁니다. 이 놀이의 목적은 주머니 안에 있는 물건이 어떤 것인지 만지면서 짐작해 보는 거예요. 부모님은 아이에게 주머니 안에 있는 물건을 어떻게 생각해 냈는지 물어보면서 새로운 단어를 가르칠 수도 있습니다.

준비물

☐ 서로 다른 물건 3~5개

(예시: 아이가 가장 좋아하는 장난감, 사과 등)

☐ 끈을 당겨 조이는 주머니

☐ 바구니

☐ 수건

모양과 질감이 아주 다른 물건들을 준비해요. 장난감처럼 아이가 아주 좋아하는 물건들을 포함시켜요. 어린아이는 3개부터 시작해서 5개까지 늘려 보세요.

활동 방법

① 바구니에 담겨 있는 물건들을 한 번에 하나씩 보여 주면서 물건의 이름을 말해 주세요.

② 아이에게 이렇게 말해요. "주머니 안에 뭐가 있을지 만져 보고 알아맞히는 놀이를 할 거야. 뒤로 돌아서 눈을 감아 봐."

③ 물건 하나를 선택하여 주머니 안에 넣어요. 다른 물건들은 수건으로 가려요.

④ 아이가 눈을 뜨게 하고 주머니를 아이에게 건네 주어요. "주머니 안에 무엇이 들어있는지 알겠니?"라고 물은 뒤, 아이가 물건을 탐색할 시간을 주세요. 만약 아이가 확신이 없어 보이면 그 물건이 기억나게끔 도와주는 것도 괜찮아요. 예를 들면, "그게 공이라고 생각하는 거니?"처럼 물어보는 거지요.

⑤ 아이가 정확하게 맞히면 다른 물건으로 계속 진행합니다. 준비한 물건들을 모두 해 보세요.

더 나아가기

아이가 자신감을 얻으면 물건을 2개, 3개씩 한꺼번에 주머니에 넣고 해 보세요.

평면 도형을 맞춰요

도형의 수학적인 개념을 배우는 활동입니다. 아이는 원을 구별하는 법과 원의 크기 차이를 추정하는 법을 배울 수 있을 거예요. 잘라낸 원들은 종이 위에 그려진 원과 일치해요. 아이는 자기가 정확하게 맞혔는지 확인할 수 있고, 스스로 수정할 수도 있답니다. '더 나아가기' 활동을 통해 정사각형과 삼각형으로 똑같이 반복해 보세요.

준비물

☐ 229쪽의 워크시트 ②

☐ A4 용지

☐ 가위

☐ 바구니 또는 그릇

아이가 왼손잡이일지라도 언제나 왼쪽에서 오른쪽으로 진행하세요. 아이에게 '읽기'를 준비시키기 위해서랍니다. 원을 고를 때 워크시트와 잘라낸 원들을 앞뒤로 살펴보면서 시간을 들이세요. 이렇게 하면 아이는 부모님이 크기를 비교하고 있다는 것을 눈치채요.

활동 방법

① 빳빳한 종이에 워크시트를 몇 번 복사하세요. 한 세트의 원을 잘라내어 바구니(혹은 그릇)에 담아요. 남은 워크시트 복사본은 그대로 두세요.

② 아이에게 원이 담긴 바구니를 테이블로 가져오게 합니다. 부모님은 워크시트를 가지고 온 다음, 활동이 잘 보이는 곳에 아이를 앉혀 주세요.

③ 원들을 꺼내서 연습장 뒤에 무작위로 나란히 놓아요.

④ 아이에게 이렇게 말해요. "이제 원을 맞추어 보자. 가장 큰 것부터 시작해서 가장 작은 것까지 해 보는 거야."

⑤ 가장 큰 원을 선택하여 워크시트 위의 원에 맞춰요. 모든 원들을 맞출 때까지 계속 합니다.

⑥ 원들을 다시 바구니 안에 담아서 워크시트와 함께 아이에게 건네 주세요. 이제 아이가 직접 할 차례예요.

워크시트 위에는 정사각형과 삼각형으로 그려져 있는 부분
도 있어요. 정사각형을 맞추는 활동을 해 보고, 똑같은 방법
으로 삼각형도 해 봐요.

입체 도형을 맞춰요

이번 활동은 지난 활동에서 더 심화한 것으로, 3차원 도형이 등장합니다. 놀이에 쓰는 도형들은 익숙한 물건이지만, 올바른 수학적 명칭으로 부르고 쌍으로 정렬할 거예요. 익숙한 물건을 사용하면 아이가 수학적인 이름을 기억하는 데 도움이 됩니다.

준비물

□ 구형 물체 2개 (예: 테니스공, 구슬)

□ 정육면체형 물체 2개 (예: 블록)

□ 원통형 물체 2개 (예: 작은 깡통)

□ 바구니

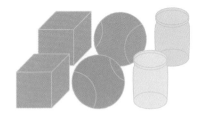

활동 방법

① 아이가 바구니를 테이블로 가져오게 해요. 바구니를 아이 앞에 놓고, 아이에게 입체 형상의 물건을 맞출 것이라고 말해 줘요.

② 아이에게 이렇게 이야기하세요. "엄마한테 네모난 상자처럼 생

긴 블록을 1개 찾아 주겠니?" 아이가 블록을 찾아오면 왼쪽에 놓게 해요.

③ 마찬가지로 구형 물체와 원통형 물체도 가져오게 합니다.

④ 아이가 바구니 안에 남아 있는 입체 물건들을 테이블 위에 있는 물건들과 짝지을 수 있도록 도와주세요.

⑤ 아이가 6쌍을 맞출 수 있을 때 까지 입체 물건의 수를 서서히 늘려요.

더 나아가기

원뿔 모양, 사각뿔 모양, 타원형 구 모양의 다른 입체 도형들을 포함시켜도 좋아요. 이런 모양의 장난감을 가지고 있으면 좋지만, 아이스크림 콘과 삶은 달걀을 활용해도 괜찮아요. 아이에게 피라미드 사진을 보여 줘도 된답니다.

주머니 속 입체 도형

평면(2차원)에서 입체(3차원)로 자연스럽게 넘어가면서 아이들에게 입체 도형의 이름을 강조할 수 있어요. 아이들이 끈 달린 주머니를 보면 물건을 구별할 때 시각뿐만 아니라 촉각도 사용할 수 있다는 것을 머릿속에 떠올릴 거예요.

준비물

☐ 입체 물건 3개 (원통형, 구형, 정육면체형)
☐ 끈을 당겨 조이는 주머니

활동 방법

① 준비한 물건 3개를 테이블 위에 주머니와 함께 한 줄로 세워요.

② 아이에게 "지난 번에 물건 맞추기 놀이를 했던 것 기억하지?"라고 말하면서 지난 활동을 상기시킵니다. 그리고 "도형의 이름을 배울 수 있는 재미있는 놀이를 할 거야"라고 말해 주세요.

③ 이제 도형의 이름을 알려 줘야 해요. 준비한 물건 중 하나를 손

으로 만지면서 도형의 이름을 아이에게 말해 주고, 아이가 똑같이 할 수 있도록 합니다. 나머지 2개도 같은 방식으로 알려 주세요.

④ 각 물건을 차례로 만지면서 도형의 이름을 말하는 활동을 아이가 반복하게 해요.

⑤ "엄마한테 어느 것이 원통형으로 되어 있는지 보여 줄래?"라고 물으며, 아이에게 물건을 손으로 가리키게 합니다. 다른 물건도 같은 방식으로 물어보세요.

⑥ 아이에게 눈을 감으라고 한 다음, 물건들 중 하나를 주머니에 넣어요. 그리고 아이의 손을 주머니 안으로 넣게 하고 물건의 모양을 맞힐 수 있는지 물어보세요. 다른 도형의 물건으로 이 과정을 반복해요.

TIP
어린아이들은 2개로 시작해요. 이 활동을 한 후에도 아이가 도형의 이름을 잘 모르는 것 같으면 다시 반복해 주세요.

더 나아가기

아이가 이 활동에 자신감이 생기면 도형의 이름을 글씨로 알려 줄 수 있어요. 펜으로 각각의 카드에 도형의 이름을 적고, 같은 방식으로 아이에게 도형의 이름을 가르쳐 줍니다. 아이가 글씨로 된 도형의 이름을 잘 익힌 것 같으면, 아이에게 이렇게 말해 보세요. "어느 물건이 카드에 글씨로 적혀 있는 것과 같은 모양일까? 카드하고 물건들을 맞추어 보자."

음정을 배워요

이번에는 소리의 조화를 배우는 활동을 해 봅시다. 병에 서로 다른 높이로 물을 채우면, 음악적인 소리를 낼 수 있어요. 아이는 소리의 높낮이를 들으면서 소리의 조화에는 어떤 질서가 있다는 것을 알게 될 거예요.

단, 유리가 깨지면 위험하다는 것을 알려 주세요. 부모님이 유리병을 아주 조심스럽게 다루고 있다는 것을 보여 주면 아이도 똑같이 배울 겁니다.

준비물

☐ 유리병 혹은 유리컵 5개

☐ 물

☐ 티스푼

☐ 물감 혹은 식용 색소 (선택 사항)

물에 물감을 타면 더 흥미로운 놀이가 될 거예요. 준비한 병이나 유리컵에 다양한 높이로 물을 채워 소리를 내어 봐요. 각각의 병을 티스푼으로 두드리면서 서로 다른 소리가 나는지 들어 봅시다. 병에 담긴 물의 양을 조절하면 소리의 차이를 더 크게 만들 수 있어요.

활동 방법

① 아이에게 한 손은 병(혹은 컵)의 바닥을 받치고, 다른 한 손은 옆면을 쥔 채로 병을 하나씩 조심스럽게 나르는 것을 보여 주세요.

② 아이를 여러분의 왼쪽에 앉히고, 병을 한 줄로 세워 놓아요.

③ 아이에게 "병에서 서로 다른 소리가 나게 할 거야. 가장 낮은 소리를 찾으려면 소리를 잘 들어야 해"라고 말해요. 티스푼으로 병들의 옆면을 조심스럽게 두드리면서 가장 낮은 소리를 찾아냅니다. 가장 낮은 소리를 내는 것을 찾아서 왼쪽으로 옮겨요.

④ 아이에게 다시 이야기해요. "이제 가장 높은 소리를 내는 것을 찾아야 해." 이전에 했던 대로 병들을 두드립니다. 가장 높은 소

리를 내는 병을 찾으면 오른쪽으로 옮기세요. 두 병 사이에 다른 병들을 놓을 만큼 공간을 남겨 두어요.

⑤ 아이가 나머지 음계를 완성하도록 이끌어 주세요. "(가장 낮은 소리를 내는 병을 두드리며) 엄마가 가장 낮은 소리를 내는 병을 찾았구나. (가장 높은 소리를 내는 병을 두드리며) 가장 높은 소리를 내는 병도 찾았네. 이제는 ○○이가 둘 사이에 있는 소리들을 찾아볼까?"라고 말해요. 이어서 아이가 병들을 모두 정렬하면 음계가 완성됩니다.

더 나아가기

5개의 음정으로 시작해서 8개까지 늘려 보아요. 아이가 병의 크기나 물의 양이 소리의 차이를 만드는 것 같다고 말할 수도 있어요. 그러면 아이가 직접 자신의 생각을 실험할 수 있도록 두세요.

신기한 밀가루 반죽

아이들이 액체와 고체에 대해 배울 수 있는 좋은 활동을 소개합니다. 밀가루는 액체처럼 흐물거리다가 고체처럼 굳기도 하지요. 밀가루의 마법 같은 성질에 아이는 아주 즐거워할 거예요.

준비물

☐ 큰 반죽용 그릇 (믹싱 볼)

☐ 밀가루

☐ 물

☐ 나무 숟가락

☐ 쟁반 또는 깨끗이 닦은 식탁보

☐ 앞치마

☐ 식용 색소 (선택)

활동 방법

① 반죽용 그릇과 밀가루, 물, 식용 색소, 숟가락을 쟁반이나 테이블 위에 올려 놓아요. 테이블은 식탁보로 덮어 주세요.

② 아이에게 앞치마를 입히고 나서 무엇을 할지 설명해 주세요. "엄마가 지금 특별한 밀가루를 보여 줄 거야. 밀가루와 물을 섞어서 공을 만들어 보자."

③ 아이가 스푼으로 밀가루를 떠서 반죽용 그릇에 담게 하고, 약간의 물을 부어 주세요. (식용 색소 4방울 정도를 넣어도 좋아요.)

④ 아이가 밀가루와 물을 숟가락으로 젓게 하고, 무슨 일이 생기는지 관찰해 보세요.

⑤ 아이에게 "좀 더 빠르게 저으면 어떻게 될까?"라고 물어봐요.

⑥ 밀가루와 물이 충분히 잘 섞여서 반죽이 되면, 아이는 공을 만들 수 있을 거예요. 그리고 이렇게 물어보세요. "공을 굴릴 수 있겠니?" 또는 "공이 다시 물(액체)로 변할까?"

밀가루와 물의 비율은 대략 2:1입니다. 아이가 물을 천천히 추가하도록 일러 주세요. 만약 밀가루가 공 모양으로 뭉쳐지지 않으면 밀가루를 더 넣어야겠죠?

더 나아가기

흐물흐물한 밀가루 반죽을 이용해서 다양한 역할 놀이를 할 수 있어요. 예를 들면, 철제 트레이에 반죽을 붓고 장난감 공룡을 끈적하고 흐물거리는 반죽 위에서 움직이면서 놀아요. 하얀 가운과 물안경(혹은 고글)을 착용하고, 색깔이 있는 물을 담은 병들과 흐물흐물한 밀가루 반죽으로 과학 실험실 놀이를 해도 좋아요.

자동차 경주를 해요

장난감 자동차를 가지고 있는 아이라면 집안 곳곳을 누비는 자동차 놀이를 좋아합니다. 아이들은 이런 놀이를 통해 다양한 질감을 발견하기도 하지요. 이런 사실에 착안해, 미니어처 자동차 경주 트랙을 만들어 볼까요? 어떤 재료를 사용해도 괜찮습니다. 아이가 삼키거나 질식의 위험이 생길 가능성이 있는 것들만 피하세요.

준비물

□ 큰 쟁반 또는 철제 트레이
□ 은박지
□ 마커 펜
□ 점토로 만든 공
□ 경주 트랙을 꾸밀 다양한 질감의 재료들
(예시: 달걀 껍데기, 달걀판, 모래, 조개껍데기,
골판지, 대리석, 단추, 나무껍질, 나뭇가지 등)
□ 장난감 자동차

활동 방법

① 쟁반 위에 은박지를 깔아요.

② 마커 펜으로 급커브가 많은 꼬불꼬불한 경주 트랙을 그려요.

③ 점토 공을 굴려서 길고 얇은 '뱀' 모양으로 만들어요. 아이가 할 수 있다면, 아이와 함께 만들어요.

④ 은박지 위 표시된 경주 트랙을 따라서 길다란 점토 반죽을 놓으세요. 이 선은 재료들이 흐트러지지 않도록 벽의 역할을 해 줄 거예요.

⑤ 준비된 재료 중 하나로 경주 트랙을 채워 주세요. 얼마나 다양한 재료를 준비했는지에 따라 각 영역이 달라질 거예요. 효과적인 활동을 위해서는 가능한 다양하게 재료를 준비하는 것이 좋아요. 최소한 4가지 이상 준비해 주세요.

⑥ 경주 트랙이 완성될 때까지 계속해요. 이제 경주할 준비가 다 되었군요.

⑦ 아이가 장난감 자동차를 고르게 하고, 경주 트랙을 따라서 달리게 합니다. 아이는 경주 트랙 표면에 깔려 있는 재료들의 질감이 다르다는 것을 느낄 수 있어요.

자동차 경주 트랙을 더 멋지게 업그레이드해 볼까요? 전나무 잎이나 잎이 달린 나뭇가지를 점토에 꽂아서 경주 트랙을 따라 줄지어 세워요. 종잇조각과 막대사탕으로 도로 표지판을 만들어서 꽂아도 멋질 거예요.

2장

운동 능력 기르기

몸을 움직일 수 있는 능력은 우리에게는 아주 당연한 듯이 느껴집니다. 스포츠 경기를 하는 것처럼 복합적인 운동 능력, 혹은 키보드 연주나 바느질처럼 미세한 운동 기술에서 우리가 어떤 사람인지 드러나기도 하지요. 아이들은 언어를 배울 때 느끼는 성취감만큼, 새로운 신체 기술들을 익히면서 큰 기쁨을 느낀다고 합니다. 몸을 스스로 움직이고 다루는 것은 아이들에게 자율성과 자신감을 갖게 하지요. 이번 장에서는 몸 전체를 움직이는 총체적인 운동 능력과, 손이나 손가락처럼 작은 근육을 움직이는 미세한 운동 능력을 발달시키는 활동을 소개하고자 합니다.

어디에 맞춰 볼까?

손과 눈을 함께 움직이는 협응 능력은 초기 발달 단계부터 형성될 수 있습니다. 정사각형 조각들을 맞춰 그림을 완성하는 퍼즐 같이 간단한 놀이를 이용해 볼까요? 이 활동은 가장 기초적인 '3D 퍼즐'에 쓰이는 재료를 어떻게 만드는지 알려 줍니다. 아이의 실력이 늘면, 그에 따라 퍼즐의 난이도를 올릴 수 있어요.

준비물

☐ 도형 모양 물건들이나 블록 (삼각형, 정사각형, 원형 등)

☐ 골판지 상자

☐ 가위 또는 공예용 칼

☐ 접착테이프

> TIP
>
> 아이가 어려워하면 도형의 색깔을 이용해 보세요. 예를 들면, 이런 식으로 아이에게 실마리를 주는 거예요. "이건 파란색 도형들 중 하나야."

활동 방법

① 삼각형, 사각형, 원형 등 서로 다른 모양의 블록(도형 모양 물건)을 한데 모아 주세요.

② 블록과 같은 모양으로 골판지 상자 위에 구멍을 만듭니다. 블록이 잘 들어가려면 구멍이 살짝 더 커야 해요. 상자의 열린 부분들을 닫고 테이프로 붙여 주세요. 만들어 놓은 구멍 외에는 뚫린 부분이 없어야 해요.

③ 첫번째 블록을 아이에게 건네고, 아이가 손가락으로 블록의 가장자리를 만져 볼 수 있도록 해 주세요. 도형의 테두리 모양을 꼼꼼히 확인하고, 박스에 만든 구멍을 같은 방식으로 만져 볼 수 있게 하세요. 아이는 블록의 모양과 구멍의 모양을 느끼고 익숙해질 수 있답니다.

④ 아이에게 이렇게 말해요. "블록을 모양이 비슷하게 생긴 구멍에 맞춰 보자." 아이가 올바른 구멍을 잘 찾지 못하면 아이의 손을 이끌어 주세요.

⑤ 3단계와 4단계를 반복하면서 다른 구멍들도 맞춰요. 아이에게 자신감이 생기면 다시 시작해 봐요. 아이가 혼자 힘으로 블록과 맞는 구멍을 찾을 수 있는지 보세요.

⑥ 아이가 현재 활동에서 쓰는 도형들에 익숙해지면, 도형의 이름을 알려주세요. 블록을 건네면서 도형의 이름을 말해 주세요. 그러면서 모양을 느끼는 것과 연결해 보아요. "이건 삼각형이야. 삼각형은 옆면이 3개야."

구멍의 크기와 모양을 다양하게 만들어서 응용하면 아이에게 조금 더 도전적인 활동이 될 수 있어요. 단, 동일한 상자로 하는 것이 좋아요.

데굴데굴 공 굴리기

아이가 아직 공을 잡을 수 있을 정도로 운동 능력이 발달되지 않은 시기에는 공을 굴려서 주고받을 수 있어요. 공 굴리기는 몸 전체를 움직이는 총체적 운동 능력과, 손과 눈을 함께 움직이는 협응력을 발달시키기에 좋은 활동입니다.

준비물

□ 비치 볼 또는 그와 비슷하게 크고 가벼운 공

활동 방법

① 다리를 벌리고 바닥에 아이와 마주 앉아요.

② 아이도 똑같이 다리를 벌리고 앉게 해요. 이렇게 앉으면 공을 굴리는 영역을 정할 수 있고, 공을 막는 벽을 만들 수도 있지요.

③ 아이를 향해 공을 부드럽게 굴려요.

④ 아이가 손으로 공을 멈추도록 북돋아요. 필요하면 부모님이 시범을 보여 줘도 좋아요.

⑤ 아이가 부모님을 향해 공을 다시 굴리게 해요.

⑥ 아이가 공 굴리기에 자신감이 생기면 부모님이 몸을 뒤로 움직
여 좀 더 멀리 앉아요. 공 굴리기를 다시 반복해요. 아이가 새롭
게 정한 거리에 자신감이 생기면 다시 또 거리를 늘려 봐요.

TIP ──────────────
부모님은 아이에게 공을 굴리기 전에 아래쪽을 잠깐 보고 나서 아이를
바라보세요. 아이가 시선과 공을 보내는 지점을 연결할 수 있어요.

재미있는 쿠션 농구

쿠션(베개)은 아이가 던지기 기술을 발달시킬 수 있는 최고의 도구 중 하나예요. 공과는 달리 쿠션은 굴려서 보낼 수 없어요. 만지기 좋고 안전하지요. 쿠션을 던질 목표 지점을 설정하는 활동은 손과 눈의 협응력을 키우기에 좋아요.

준비물

☐ 넓은 실내 혹은 실외 공간

☐ 줄넘기 줄 또는 훌라후프

☐ 쿠션(베개) 또는 쿠션과 비슷한 유아용 장난감

TIP ──────
아이에게 이렇게 말해 주세요.
"쿠션을 던질 때에는 팔을 쭉 펴야 해."

활동 방법

① 줄넘기 줄(혹은 훌라후프)을 바닥에 놓고 원 모양으로 만들어요.

② 원에서 50센티미터 정도 떨어진 곳에 서서 쿠션을 잡고 팔을 아래로 내려서 던지는 방법을 아이에게 보여 주세요.

③ 아이가 직접 해보게 합니다.

④ 만약 아이가 이 거리에 익숙해지면 한걸음 뒤로 이동하여 다시 해 봐요.

더 나아가기

색이 칠해진 고깔모자들을 특정 색깔이 있는 목표 지점에 맞춰 던질 수도 있어요. 만약 아이가 둘 이상이면 아이들은 누가 먼저 쿠션을 목표 지점에 넣는지 볼 수 있어요.

고리를 던져요

어릴 적에 고리 던지기 놀이를 해 본 적이 있지요? 눈과 손을 함께 움직이는 협응력과 연결된 운동 기능을 발달시킬 수 있는 최고의 놀이 중 하나입니다. 우리는 항상 아이들이 성공하기를 바라지요. 특히 어린아이들을 위해서 놀이를 3단계로 나누어 보았어요. 아이의 능력과 도전의 수준을 자연스럽게 향상시킬 수 있을 거예요. 이 활동을 하려면 화분에 흙을 채우고, 나무 막대기를 화분에 꽂아야 합니다. 던지기용 고리는 장난감 가게나 운동용품점에서 쉽게 구할 수 있어요.

준비물

□ 흙이나 모래를 채운 중간 크기의 화분 3~5개

□ 나무 막대기 3~5개

□ 던지기용 고리 3~5개

□ 세숫대야 또는 양동이 3~5개

□ 마스킹 테이프 또는 둥근 실뭉치

활동 방법

① 바닥에 마스킹 테이프나 끈으로 세
   개의 원을 표시하세요. 지름은 약
   40~50센티미터 정도가 좋아요. 이
   제 아이가 동그라미에 고리를 넣을
   수 있는지 보세요. 아이가 잘하면 다음 단계로 넘어가세요.

② 세숫대야를 원 안에 놓고, 아이가 고리를 그 안으로 잘 던져 넣
   는지 보세요. 이번에도 잘 해내면 다음 단계로 넘어가세요.

③ 세숫대야를 치우고, 각 원 안에 화분을 놓습니다. 화분마다 나
   무 막대기를 20센티미터 정도 보이게 꽂아요. 이제 아이가 고리
   를 나무 막대기에 통과시킬 수 있는지 보세요.

TIP ─────

목표물을 3개로 시작해서 5개로 끝내요. 아이의 성장에 따라서 2단계나
3단계부터 시작해도 괜찮아요. 아이가 서 있을 곳을 표시하고, 그 거리에
자신감을 얻으면 뒤로 더 멀리 이동해요.

더 나아가기

고리 던지기 놀이는 색이 있는 도구들을 사용하기 때문에,
색깔을 알려 주는 활동으로도 아주 좋아요. 같은 방식으로,
숫자를 알려 줄 수도 있어요. 목표 지점에 숫자를 매기고 두
활동을 합치는 것이지요. 예를 들면, 아이에게 "고리를 빨간
색 숫자 1에 넣을 수 있는지 볼까?"라고 물어볼 수 있답니다.

선을 따라 걸어요 ①

균형감은 아이들의 여섯 번째 감각과도 같습니다. 어린아이들은 균형 감각을 키우고 싶어 하는 마음이 굉장히 큰 것 같지 않나요? 기회가 있을 때마다 낮은 평균대나 낮은 벽을 따라서 걷곤 하지요. 이번 활동에서 아이들은 본인이 마치 줄타기를 하는 서커스 선수가 된 듯한 기분을 느낄 수 있을 거예요. 하지만, 이 활동은 서커스와는 다르게 아주 안전하답니다.

준비물

□ 넓은 실외 공간

□ 색분필

활동 방법

① 돌이나 시멘트가 깔린 곳을 찾아요. 바닥에 분필로 선을 그을 수 있어야 해요.

② 3미터 정도 되는 길이의 직선을 그려요.

③ 한쪽 발을 다른 한쪽 발 바로 앞에 딛는 식으로 선을 따라서 걷는 방법을 아이에게 직접 보여 주세요. 똑바로 선 자세로 시선은 앞을 향하면서 팔은 수평으로 활짝 편 채 걸어요.

④ 이제는 아이의 차례예요. 아이는 부모님의 도움이 필요하답니다. 아이가 직선 위에서 잘 걸을 수 있도록 인도해 주세요. 아이가 걷는 동안 양 옆으로 벌린 아이의 팔을 꼭 잡아 주면 돼요.

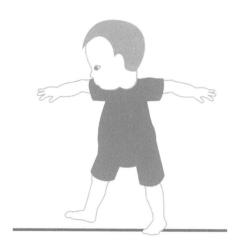

더 나아가기

아이가 선 위를 자신 있게 걷게 되면, 양손에 깃발이나 작은 종을 들고 걸어 볼 수도 있어요. 단, 걷는 동안 깃발이 펄럭이거나 종소리가 울리지 않도록 노력해야 합니다.

아이가 낮은 평균대나 돌담 위를 걸을 준비가 되었다면, 원하는 높이를 선택하게 해요. 아이들은 자신들이 편안하게 느끼는 높이를 아주 잘 찾아낸답니다.

선을 따라 걸어요 ②

선을 따라 걷는 것을 성공했으니 균형 감각과 협응 능력을 발달시킬 수 있는 다른 활동을 해 볼까요? 마찬가지로 선 위에서 하는 활동이지만, 아이가 손에 물건을 들고 해야 합니다. 물건들은 난이도에 따라 순서가 있고, 하나를 성공하면 다음 단계로 진행하세요.

준비물

☐ 마스킹 테이프
☐ 쿠션 혹은 푹신한 장난감

활동 방법

① 마스킹 테이프로 3미터 정도 길이의 선을 만들어요.

② 아이에게 이전 활동에 대해 말해 주고, 다시 연습하게 해요. "바닥에 줄 긋고 팔 벌리고 똑바로 걸었던 놀이 기억나지? 다시 한 번 해 볼까?"

③ 아이에게 새로운 활동에 대해 설명해 주세요. 아이에게 시범을

보여 준 후에 아이가 직접 해 보게 해요. "방금 한 대로 줄 위를 걸을 거야. 이번에는 손에 쿠션을 들고 걸어 보자."

TIP ────────────

실외에서 할 수 있다면 분필로 바닥에 선을 그려요. 그리고 아이에게 쿠션 대신에 작은 돌 2개를 주세요.

더 나아가기

쿠션을 들고 걷는 것을 성공하면, 플라스틱 통에 물을 채우고 해 봐요. 물을 흘리지 않도록 조심스럽게 걷는 것이 목표입니다.

공이 첨벙!

아이가 공을 굴려서 주고받는 활동을 잘 한다면, 이제는 공을 던져서 맞히는 활동도 할 수 있어요. 이번에는 더 높은 신체 협응 능력을 필요로 합니다. 공을 굴려 보내는 것뿐만 아니라, 공을 표적에 맞혀야 하기 때문이지요. 표적인 세숫대야에는 물이 채워져 있답니다. 재미를 더하는 효과도 있지만, 실제로는 공이 표적에서 튕겨져 나오는 것을 막아 줘요.

준비물

☐ 물을 10센티미터 정도 채운 큰 세숫대야
☐ 방수 천 (실내에서 활동을 할 경우)
☐ 중간 혹은 큰 크기의 가벼운 공

활동 방법

① 물이 담긴 세숫대야를
   바닥에 놓아요. 이 활
   동을 실내에서 한다면
   물 때문에 바닥이 상하
   지 않게 방수천을 먼저
   깔아요.

② 공을 손에 들고 세숫대야 가까이
   선 다음, 세숫대야 안으로 가볍게 던져요.

③ 공을 주워서 아이에게 건네 주세요. 아이가 공을 세숫대야 안으
   로 던져 보게 합니다.

④ 만약 아이가 목표 지점까지 던질 수 있으면, 뒤로 물러서서 더욱
   먼 거리를 던지게 해 보세요. 멀어진 거리에서도 성공하면 다시
   반복해서 뒤로 더 이동해요.

⑤ 아이가 다양한 거리에서 이 활동을 할 수 있으면 좀 더 어려운
   활동을 할 수도 있어요. 더 작은 세숫대야와 공으로 앞선 1~4단
   계를 반복해요.

TIP
아이들은 충분한 시간을 들여야 새로운 능력을 익힐 수 있습니다. 여러
분의 아이가 처음부터 목표를 모두 달성하지 못할 수도 있어요.

볼링을 해 봐요

집안에 아이들을 위한 볼링 경기장을 만들어 볼까요? 볼링 놀이를 쉽게 할 수 있습니다. 아이들은 빈병들이 공과 부딪혀서 와르르 쓰러지는 것을 보면 아주 재미있어 할 거예요. 혼자서도 할 수 있고, 짝을 짓거나 팀을 짜서 할 수도 있습니다. 이 활동도 눈과 손을 함께 움직이는 협응 능력을 향상시키기에 아주 좋은 놀이예요.

준비물

☐ 길고 좁은 실내 또는 실외 공간(길이 4미터 × 폭 1미터 정도)

☐ 빈 물병이나 빈 음료수병 5개(뚜껑 포함)

☐ 중간 크기의 가벼운 공

TIP

색깔이 있는 스티커로 병을 장식하거나, 마커 펜으로 번호를 매길 수 있어요. 물병들이 약간 불안정해 보이면 물이나 쌀을 넣어 보세요. 아래 부분을 무겁게 해서 눌러 줄 수 있어요.

활동 방법

① 준비된 공간 끝에 병들을 한 줄로 세웁니다.

② 아이들을 반대편 끝에 서게 해요.

③ 공을 굴리는 통로 양 옆을 따라서 쿠션을 줄지어 세워 놓아요.
아이들에게 공을 굴리는 곳을 확실하게 보여 줄 수 있어요.

④ 어떻게 굴리면 병들을 넘어뜨릴 수 있는지 부모님이 먼저 시범
을 보여 주세요.

⑤ 아이들이 차례대로 공을 굴려서 병들을 쓰러뜨리게 해요. 아이
가 순서를 마치면 다음 선수를 위해 쓰러진 병을 다시 세워 놓
도록 도와주세요.

더 나아가기

아이들이 자신감이 생기고 더 많은 병들을 쓰러뜨릴 수 있게
되면 병들을 다른 모양으로 세워 놓고 해도 좋아요. 좀 더 도
전적인 활동이 될 수 있어요.

나만의 훌라후프

훌라후프는 다목적 장난감 중 하나입니다. 아주 다양한 놀이에 사용할 수 있거든요. 이번에는 자신만의 훌라후프를 만들어 볼까요? 책에서는 나선형 무늬를 예로 들었지만, 아이들은 창의적이기 때문에 아주 다양한 무늬를 만들어 낼 수 있지요.

준비물
□ 훌라후프
□ 홀로그램 테이프 (색상 무관)
□ 가위
□ 약 40센티미터 길이의 리본 또는 줄

활동 방법
① 훌라후프를 홀로그램 테이프, 가위, 리본(또는 줄)과 함께 테이블 위에 놓아요.
② 아이에게 훌라후프를 꾸며 볼 거라고 설명해 주세요.

③ 테이프를 20센티미터 길이로 자릅니다. 반복해서 테이프를 더 잘라 놓으세요.

④ 훌라후프에 나선형으로 리본을 감는 것을 아이에게 보여 주세요. 돌아가는 무늬의 간격을 얼마나 넓게 할 지는 아이가 결정하게 합니다.

⑤ 첫 번째 테이프를 나선 모양으로 훌라후프에 붙입니다.

⑥ 나머지 잘라 놓은 테이프를 사용하여, 아이가 훌라후프 위에 나선 모양을 완성할 때까지 계속합니다.

더 나아가기

아이가 시도해 볼 만한 다른 무늬들을 소개합니다.

□ 이중 또는 삼중 나선형
□ 십자무늬
□ 격자무늬: 서로 다른 색의 테이프를 이용해서 빈틈없이 만든 십자무늬지요.
□ 무지개 무늬: 훌라후프 위에 7개의 구역을 표시하고, 색깔별로 나선형으로 빈틈없이 감아요.

고무줄을 넘어요

과거에 고무줄 놀이를 할 때에는 두 친구가 고무줄을 잡아 주는 기둥 역할을 했습니다. 그리고 차례대로 고무줄을 뛰어 넘으면서 놀았지요. 이 활동에서는 의자가 기둥 역할을 합니다. 하지만 함께 놀이를 할 친구들이 있다면 전통적인 방식 그대로 할 수도 있어요. 책에서는 아주 간단한 연속 동작이 나와 있지만, 아이의 숙련도에 따라서 좀 더 복잡한 동작을 할 수 있어요.

준비물

☐ 5~7미터 길이의 고무줄

☐ 의자 2개

TIP

어린아이들이 할 때에는 고무줄의 높이를 바닥에서 10센티미터 정도로 묶고, 의자가 튼튼한지 꼭 확인하세요.

활동 방법

① 고무줄의 양 끝을 묶어서 고리를 만들어요.

② 의자를 서로 등지게 두고, 5미터 간격으로 떨어뜨려 놓아요.

③ 아이와 함께 고무줄을 각 의자의 뒤쪽 다리에 감아 주세요. 높이는 바닥에서 20센티미터 정도면 됩니다. 고무줄로 직사각형 모양을 만들 수 있어요.

④ 시범을 위해 한쪽 고무줄에 다리를 벌리고 선 다음, 다른 한쪽 고무줄 뒤로 뛰어 넘으면 돼요. 아이가 따라서 연습할 수 있도록 해 주세요.

⑤ 이번에는 양발을 가운데 두고 시범을 보여 주세요. 두 다리를 벌려서 양쪽 고무줄 뒤로 뛰어 넘어요. 한 번 더 뛴 다음 고무줄 위로 뛰어서 밟고 서요.

⑥ 아이가 직접 해 보도록 이끌어 주세요. 아이가 이 동작을 할 수 있다면, 두 동작을 연속으로 할 수 있는지도 봐 주세요.

더 나아가기

아이에게 자신감이 생긴 것 같으면 고무줄의 높이를 약간 높여도 좋아요. 단, 높이 뛰려면 노력이 좀 더 필요하겠죠?
연속 동작을 하면서 부를 수 있는 운율이 있답니다.

케이크를 구울까?
몇 분이나 걸릴까?
하나, 둘, 셋, 넷.

고무줄 놀이는 친구들과 함께 해 볼 수 있어요. 연속 동작과 운율은 다양하니, 인터넷으로 찾아보세요.

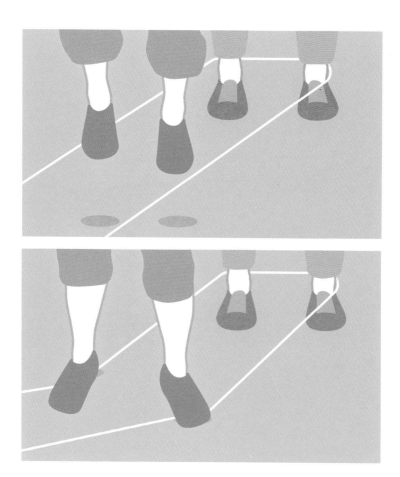

둘이서 실뜨기

실뜨기 놀이는 인류 역사상 가장 오래된 놀이 중 하나예요. 전 세계 다양한 문화권에서 실뜨기 놀이를 찾아볼 수 있거든요. 실뜨기 놀이는 실을 가지고 짝과 함께 손을 바꿔서 다른 모양을 만드는 놀이예요. 이 활동에는 실뜨기로 만들 수 있는 네 가지 다른 모양이 있답니다. 처음에는 아이가 어려워할 수 있지만, 일단 하나를 익히고 나면 그 다음 단계도 재미있어 할 거예요.

준비물

□ 1미터 정도 길이의 실

> TIP
>
> 이 활동을 처음에 알려 줄 때에는 1단계와 2단계를 반복하면서 시작해도 좋아요. 그러고 나서 다음 단계들로 하나씩 진행해 보세요.

활동 방법

① 실의 양 끝을 묶어서 고
리 모양으로 만들어요.

② 아이에게 손을 어떻게
해야 하는지 직접 시범을
보이며 말해 주세요. "손바
닥을 서로 마주 보게 해. 그리
고 양손을 이만큼(30~40센티미터)
벌려 볼까?"

③ 실을 아이의 손에 끼운 뒤, 한 번씩
더 감고 나서 이렇게 말해요. "손을 양쪽으로 조금 더 벌려서 실
을 팽팽하게 해 보자."

④ 이제 오른손의 가운뎃손가락을 왼손의 실에 걸어서 오른쪽으
로 당기게 해요. 왼손 가운뎃손가락으로 똑같은 동작을 반복해
요. 본격적으로 실뜨기 놀이를 할 수 있는 '고양이 요람' 모양이
만들어졌지요?

⑤ 엄마가 아이 옆으로 다가갑니다. 그리고 엄지와 검지를 십자 양
쪽의 각 두 면에 집게처럼 걸어 쥐고, 바깥쪽으로 뺀 뒤 아래로
내려갔다가 가운데를 통해 위로 올라와요. 엄지와 검지를 펼치
는 것과 동시에 아이는 손가락에 힘을 빼고 실을 놓아야 해요.
이렇게 해서 두 번째 모양인 '수평 십자 모양'이 완성됐네요.

⑥ 이제 아이가 엄지와 검지손가락으로 두 십자 모양의 각 면을 잡

고 들어올려요. 바깥쪽 줄을 지나 가운데를 통해서 아래에서 위로 펼칩니다. 그러면 기차길 모양이 만들어져요.

⑦ 다음은 엄마가 오른손 새끼손가락을 왼쪽의 안쪽 실 아래에 걸고 오른쪽으로 당겨 삼각형을 만들어요. 왼손 새끼손가락을 오른쪽 안쪽 실에 걸어 왼쪽으로 당기면서 같은 동작을 반복합니다. 이제 다이아몬드 모양이 되었네요.

⑧ 줄을 새끼손가락에 계속 걸어 둔 채로 여러분의 양쪽 엄지와 검지손가락을 삼각형 밑으로 내려서 가운데를 통과하여 올라와요. 아이가 손가락을 푸는 동안 여러분의 엄지와 검지손가락을 펴세요. 이제 '고양이 요람'으로 돌아와서 실뜨기 놀이를 다시 시작할 수 있어요.

TIP

마지막 모양을 만들 때, 실이 새끼손가락에서 빠져나가지 않게 조심해야 해요. 새끼손가락에서 실을 놓치면 마지막 모양이 만들어지지 않아요.

영상을 통해 실뜨기 과정을 참고하세요!

더 나아가기

아이가 실뜨기 순서를 완전히 익히면, 친구들과 속도를 대결하며 실뜨기 놀이를 할 수 있어요.

리듬 체조를 해요

20년이 넘도록 아이들을 가르치면서, 음악에 맞춰 움직이는 것을 좋아하지 않는 아이를 본 적이 없어요. 물론 아이들은 점프하기, 줄넘기, 깡충깡충 뛰거나 균형을 잡는 것을 어려워할 수도 있어요. 하지만 음악을 켜주면 아이들은 음악에 맞춰 춤추는 데 흠뻑 빠질 거예요. 그래서 동작과 순서를 배울 때 힘들었다는 걸 잊어버리기도 하지요. 마찬가지로 리본 막대를 이용해 움직이는 것도 좋아할 거예요.

준비물

☐ 1미터 길이의 리본을 묶은 막대기 (리본 대신에 종이를 길게 잘라서 사용해도 괜찮아요.)

☐ 다양한 박자의 신나는 음악

어린아이들에게는 도움이 더 필요할 수 있어요. 먼저 부모님이 리본 막대기를 들고 동작을 보여 주면, 아이가 쉽게 따라할 수 있을 거예요. 아이가 혼자 할 수 있을 때까지 함께 동작을 보여 주세요.

활동 방법

① 부모님은 리본 막대기를 아이에게 보여 준 다음, 팔을 다양한 모양과 방향으로 흔들어 주세요. 아이에게 리본을 움직이는 방법을 보여 주는 거예요.

② 아이에게 리본 막대기를 건네며 이렇게 말해요. "이제 음악을 틀 거야. 음악에 맞춰서 리본을 움직여 보자."

③ 아이가 음악에 맞추어 움직이기 시작하면 반대되는 동작들을 해 보도록 해요.

"천천히 움직여 보자. 이제 빠르게 움직여 볼까?"
"하늘 높이 뛰어 봐. 그리고 몸을 낮춰서 쪼그려 앉아 보자."
"리본을 머리 위에서 돌리고, 이제 팔을 내려 낮게 돌려 보자."

④ 다른 동작들을 추가해 봐요.

(예시)
요정처럼 나풀나풀 걷기
거인처럼 성큼성큼 걷기
줄넘기하듯이 뛰기
힘차게 뛰기

깡충깡충 뛰기

몸 뒤틀기

⑤ 아이가 가장 좋아하는 동작 3개를 고르게 하고 이렇게 말해요.
"좋아하는 동작들을 순서대로 해 보자."

⑥ 아이가 연속 동작을 반복적으로 연습하게 해요. 만약 아이가 연
속 동작을 끊김 없이 할 수 있게 되면 이렇게 말해요. "너만의
춤을 만들었구나."

더 나아가기

이 활동은 여러 명이 같이 하기에 좋으니, 친구들이 놀러
왔을 때 하면 알맞을 거예요. '동물'이라든지 원하는 주제
를 정하고 춤을 출 수도 있어요. 예를 들면, 세르게이 프로
코피예프(Sergei Prokofiev)의 '피터와 늑대', 카미유 생상스
(Camille Saint-Saëns)의 '동물의 사육제' 같은 음악들을 시도
해 보세요.

깡충깡충 사방치기

이 활동은 균형 감각 및 손과 눈의 협응 능력을 포함하여 몸 전체를 움직이는 총체적인 운동 능력을 발달시킬 수 있어요. 게다가 숫자를 바닥에 쓰고 차례로 배열하는 것까지 배울 수 있으니 그야말로 만능이네요. 단, 이 놀이는 실외에서 해야 합니다. 사방놀이판을 그릴 수 있을 정도로 넓은 공간이 필요해요.

준비물

☐ 하얀색 분필 2개 (다른 색도 괜찮아요.)

☐ 작은 돌 2개

TIP

아이가 특정 숫자를 쓰는 데 어려움을 느낄 수도 있어요. 일단은 관찰만 하고 나중에 숫자 쓰기 연습을 도와주세요.

활동 방법

① 아이와 함께 사방치기 판을 바닥에 그립니다.

② 분필로 정사각형을 그리고 이렇게 말해요. "어떤 숫자가 먼저 와야 할까? 숫자를 사각형 안에 써 보자."

③ 1번 사각형 위에 같은 크기로 정사각형 2개를 더 그려요.

④ 아이에게 숫자 2개를 채워 넣게 해요. "빈 칸에 다음 숫자 두 개를 채워 볼까?"

⑤ 사방치기 판에 10이 채워질 때까지 위 두 단계를 반복해요.

⑥ 부모님이 놀이 방법을 먼저 보여 주세요. 돌을 숫자 1에 던져 놓고, 깡충 뛰어가서 돌을 집어 들고 다시 깡충 뛰어 돌아옵니다. 5번까지 직접 보여 주고 나서 아이가 직접 해 보게 해요.

더 나아가기

아이가 숫자를 좋아한다면, 사방치기 판을 20까지 늘려도 좋아요. 홀수나 짝수에만 돌을 던진 후 깡충 뛰어가서 찾아오는 것도 괜찮답니다.

막대를 주워요

막대 줍기 놀이는 어른과 아이 모두에게 익숙한 놀이지요. 이 활동을 하면서 손과 눈의 협응력과 미세한 운동 능력뿐 아니라 인내심까지 키울 수 있어요. 슈퍼마켓에서 쉽게 살 수 있는 꼬치를 쓰면 되지만, 다른 대용품을 사용해도 문제없답니다. 단, 아이가 놀이 방법을 배우는 단계에서는 꼬치에 색을 칠하지 마세요.

준비물

☐ 꼬치 한 묶음

활동 방법

① 아이에게 이렇게 말해요. "지금부터 새롭고 재미있는 놀이를 보여 줄게. 바로 막대 줍기 놀이야."

② 손으로 꼬치를 한 묶음 모아서 들어요. 그리고 자연스럽게 바닥에 떨어지도록 손에서 놓아요.

③ 아이에게 이렇게 말해요. "다른 막대들을 움직이지 않고 막대

를 줍는 거야. 그러면 점수를 얻을
수 있지."

④ 부모님이 먼저 시범을 보인
다음, 아이가 직접 해 볼 수 있도
록 해요.

⑤ 아이에게 이렇게 말하며 규칙
을 상기시켜요. "다른 막대가 움직
이면 점수를 얻을 수 없어."

⑥ 모든 막대가 사라질 때까지 계속 해요.

TIP

꼬치 막대는 끝이 뾰족해서 위험할 수 있어요. 놀이를 하는 동안 아이에
게 계속 조심하라고 일러 주세요. 부모님이 잘 감독해 주셔야 해요.

더 나아가기

아이가 놀이의 규칙을 이해했다면 막대에 색깔을 칠해도 괜
찮아요. 각 색깔로 점수를 표시하는 것이지요. 만약 아이가
이 활동을 완전히 익혔다면, 친구들에게 직접 놀이를 설명해
줄 수도 있어요.

공기놀이를 해요

공기놀이는 고대 그리스나 고대 이집트에서 시작되었다고 전해집니다. 이 놀이는 아주 단순해서 남녀노소 모두 할 수 있어요. 손과 눈의 협응 능력과 기억력, 집중력 발달에 좋은데다 돌의 개수를 모아야 하기 때문에 수학적인 요소도 배울 수 있어요.

준비물

☐ 공깃돌 10개

☐ 작은 탱탱볼

활동 방법

① 아이가 부모님의 시범을 관찰하게 해요. 공깃돌을 주사위 던지듯이 바닥에 뿌리면서 시작합니다.

② 탱탱볼을 위로 던지고, 공깃돌 하나를 손으로 집어요. 던진 탱탱볼이 바닥에 떨어지기 전에 잡으세요. 이 모든 동작은 한 손으로 합니다.

③ 이제 아이가 한번 해 보도록 하고, 여러 번 연습할 수 있게 시간을 넉넉히 주세요.

④ 주운 공깃돌은 반대편 손으로 옮기면서 공기놀이를 계속 해요. 한 번에 한 개씩, 열 개를 모두 집으면 1단계가 끝나요.

⑤ 아이에게 이렇게 말해 주세요. "한 번에 한 개씩 집는 거야. 계속해 보자."

⑥ 다음 단계는 한 번에 공깃돌을 2개씩 집는 거예요. 그 다음은 3개, 4개 이렇게 숫자를 늘려가요. 한 번에 공깃돌을 6개 이상 집을 경우에는 나머지 돌들은 주울 필요가 없어요.

TIP

아이들이 공깃돌을 손에 잘 쥐지 못할 수도 있어요. 그럴 때는 공깃돌 5개로 놀이를 시작해요.

위로 던진 탱탱볼이 몇 번 튀어
도 되는지에 대해 새로운 규칙
을 만들 수도 있어요.

구불구불 리본 엮기

무언가 엮는 동작은 다양한 신체 활동의 기본이 됩니다. 아이들은 엮으면서 손과 눈의 협응 능력을 발달시킬 수 있고, 동시에 손가락과 손목 근육을 강화하는 데 도움이 됩니다. 난간 주변은 이 활동을 시작하기에 아주 좋은 장소예요. 공간이 넓기 때문에 아이들은 난간을 리본이나 천으로 감싸면서 재료의 무늬를 분명히 볼 수 있거든요.

준비물

☐ 약 1미터 길이의 리본 또는 천 조각
☐ 약 1미터 길이의 난간

활동 방법

① 바닥을 따라서 평평하게 납작한 난간을 골라요. 아이가 오른손잡이일 경우, 부모님의 왼쪽에 앉게 해요. 하지만 안전을 위해 난간에 너무 가까이 붙어 있으면 안 됩니다. (아이가 왼손잡이인

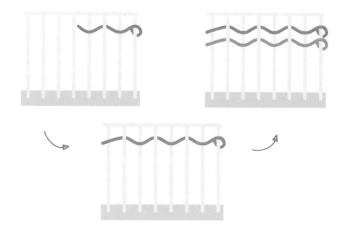

경우에는 반대로 하세요.)

② 아이에게 이렇게 말해 주세요. "난간 위에 리본을 엮어서 무늬
를 만들 거야." 이제 여러분의 왼쪽으로 약 1미터 떨어진 난간
기둥의 끝부분에 리본을 묶어요.

③ 리본을 난간 기둥 사이를 안팎으로 들락날락 하면서 리본이 닿
을 정도까지 엮어요.

④ 리본을 풀고, 아이가 직접 해 보도록 해요.

⑤ 아이가 리본을 난간에 엮는 동작을 완전히 익히면 다른 리본으
로 반복하게 해요. 단, 높이를 약간 높여 주세요.

TIP
만약 아이가 리본을 엮는 동작을 잘 하지 못하면, 부모님이 엮는 동작을
다시 보여 주세요.

주름 종이에서 털실까지 다양한 종류의 재료를 사용해 볼까요? 각 재료를 알록달록한 무늬가 되도록 엮어 봐요. 아이가 이 활동에 익숙해지면, 테니스 라켓에 있는 줄 사이사이로 신발 끈을 엮어 볼 수도 있어요.

원통에 끈을 꿰어요

여기, 간단하면서도 아이들의 몰입력을 높여 주는 좋은 활동이 있어요. 손과 눈의 협응력과 손가락 근육을 발달시킬 수도 있답니다. 재료 준비가 쉽다는 것도 또 다른 장점이지요.

준비물

☐ 작은 종(bell)이나 테니스 공 (또는 마분지 원통의 지름보다 폭이 약간 넓은 물건)

☐ 약 1미터 길이의 사슬이나 끈 (가운의 끈도 괜찮아요.)

☐ 마분지 원통 (키친타월 안쪽에 있는 종이 원통)

☐ 마분지 원통을 자를 공예용 칼

활동 방법

① 종 혹은 준비한 물건을 끈의 한쪽 끝에 묶어요. 이렇게 하면 마분지 통이 끝에서 멈추게 되고, 끈에서 떨어져 나가지 않아요.

② 끈을 바닥이나 작은 테이블 위에 올려 놓아요.

③ 마분지 통을 반으로 잘라요.

④ 부모님이 끈을 마분지 원통에 꿴 후, 마분지 통이 오르락내리락
   미끄러져 움직이는 것을 아이에게 직접 보여 주세요.

⑤ 끈에서 마분지 원통을 빼낸 후에 아이가 직접 해 보도록 해요.

TIP ─────────────────────

이 활동을 보여 줄 때, 대개 아이가 부모님의 왼쪽에 앉아야 손동작을
잘 볼 수 있어요. 만약 아이가 왼손잡이라면 부모님도 왼손으로 시범을
보여 주는 게 좋아요. 그러면 아이는 부모님의 오른쪽에 앉아야겠죠?

더 나아가기

일단 마분지 원통에 끈을 꿰는 것이 숙달되면, 신발 끈을 실
패(cotton reel)에 꿰어 보아요. 아니면 낙엽을 철사에 꿰어 볼
수도 있어요.

짜잔! 파스타 목걸이

아이가 앞선 활동을 완수했다면, 더 섬세한 운동 기술이 필요한 파스타에 끈 꿰기 활동도 할 수 있어요.

준비물

☐ 길이가 50센티미터 정도 되는 끈 여러 가닥

☐ 리가토니 파스타 1봉지(튜브 모양의 파스타)

활동 방법

① 끈 여러 가닥과 파스타를 키가 작은 테이블이나 바닥에 꺼내 놓아 주세요.

② 아이에게 준비물을 보여 주면서 이렇게 말해요. "엄마가 파스타에 어떻게 끈을 꿰는지 보여 줄게."

③ 끈을 파스타 하나에 꿰어 넣어요. 끈의 끝부분 몇 센티미터를 남겨 놓고 매듭을 지어요. 첫 번째 파스타 조각은 다른 파스타들이 흘러내리지 않게 하는 역할을 할 거예요.

④ 끈을 파스타에 꿰는 동작을 아이에게 직접 보여 주세요.

⑤ 이제 아이에게 파스타 조각을 주세요.

⑥ 아이가 줄에 계속 꿰게 해요. 줄이 파스타로 채워질 때까지요.

   만약 식용 색소가 있다면 파스타 사슬을 화려한 목걸이로 만들 수도 있어요.

활동 방법

① 식용 색소 1스푼을 물이 담긴 그릇에 풀어요.

② 파스타 목걸이의 양쪽 끝을 손에 쥔 채로 아이에게 건네고 이렇게 말해요. "파스타에 색이 잘 묻게 색소를 푼 물에 담가 보자."

③ 아이에게 끈을 꼭 잡고 있어야 한다고 말해 주세요.

④ 파스타에 색깔이 잘 스며들도록 파스타 목걸이를 2분 정도 물에 담가요.

⑤ 시간이 지나면 아이에게 이렇게 말해 주세요. "이제 파스타 목
   걸이를 물에서 꺼내 보자."

⑥ 파스타 목걸이를 꺼내서 잘 마르게 걸어 두어요. 이때, 떨어지
   는 물방울이 바닥에 묻지 않도록 두꺼운 종이 한 장을 파스타
   목걸이 아래에 깔아 주세요.

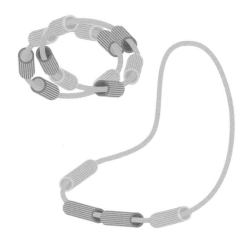

TIP

아이와 이 활동을 처음 할 때에는 가능하면 크기가 큰 튜브 모양 파스타
를 준비해 주세요.

더 나아가기

각각 색이 다른 파스타 목걸이 2개를 만들어도 좋아요. 파스
타 목걸이가 모두 마르면 한 줄로 다시 엮어요. 색이 2가지
인 목걸이가 만들어져요.

단추에 철사를 꿰어요

손과 눈의 협응 능력을 위한 모든 활동 중에서 가장 인기가 많은 활동을 소개할 거예요. 아이의 신체 조정 능력뿐만 아니라 집중력도 좋아지거든요. 아주 어린 아이들조차도 오랜 시간동안 흠뻑 빠져서 몰입할 수 있답니다. 아마도 아이들의 내재된 욕구를 충족시키기 때문인 듯합니다. 게다가, 다양하게 응용할 수 있다는 사실이 참 좋지요.

준비물

□ 솔 달린 철사(파이프 클리너) 2~5개
□ 단추

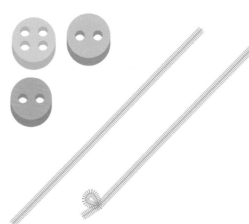

활동 방법

① 아이에게 단추 꿰기 놀이를
　할 거라고 이야기해 주세요.

② 솔 달린 철사 중 1개를 고른

다음, 한쪽 끝을 둥글게 말아서 작은 공처럼 만들어요.

③ 아이에게 철사를 주면서 이렇게 말해요. "한쪽 끝을 둥글게 말아서 공처럼 만들어 보자."

④ 철사를 단추에 꿰어 보세요. 아이가 단추를 골라도 좋아요.

⑤ 아이가 활동 방법을 이해한 것 같으면, 혼자서 할 수 있게 해요. "이제 어떻게 하는지 알겠지? 혼자 해 볼까?"

더 나아가기

아이에게 솔 달린 철사 위에 단추로 어떤 무늬를 만들 수 있는지 물어보세요. 이 다음에는 일반 철사, 신발 끈이나 줄 같은 것들을 활용할 수도 있어요. 73번 활동을 참고해 봐요. 구슬을 활용할 수도 있어요. 은박지를 말아 올리거나, 짚을 잘게 썰거나, 파스타를 사용하는 것도 괜찮아요.

TIP

솔 달린 철사의 모양과 크기는 다양해요. 이 활동을 시작하기 전에 단추 구멍이 충분히 큰지 꼭 확인해야 해요.

날아가는 물고기

이 놀이는 두 가지 활동을 하나로 합친 거예요. 우선 아이는 물고기를 만들어야 해요. 그리고 신문지를 이용해서 물고기를 앞으로 나아가게 하는 방법을 배울 겁니다. 아이가 한 명 이상이면 물고기 경주를 할 수 있어요. 그렇지 않으면 부모님이 하나 더 만들어서 경주를 할 수도 있지요.

준비물

□ 오른쪽 그림과 같은 물고기 그림
(아이마다 하나씩)

□ 색연필, 크레파스 또는 색깔 펜

□ 가위

□ 신문이나 잡지 (아이마다 하나씩)

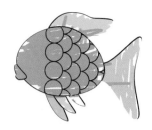

활동 방법

① 아이에게 날아다니는 물고기를 만들 거라고 이야기해 주세요.

② 아이에게 물고기 그림을 주고 색을 칠하게 해요.

③ 아이가 물고기를 가위로 잘라 내는 것을 도와주세요.

④ 완성된 물고기를 카펫이 깔려 있지 않은 바닥에 놓아요.

⑤ 신문이나 잡지로 딱지를 접어요. 물고기 그림의 뒤쪽 바닥을 때리면 바람이 일 거예요. 물고기가 앞으로 나아가는 것을 아이에게 보여 주세요.

⑥ 아이가 직접 해 보게 해요.

⑦ 아이가 물고기 조종을 잘 하게 되면 물고기들을 모두 출발선에 놓고 물고기 경주를 해 봐도 좋아요.

TIP

바닥에 카펫이 깔려 있지 않아야 해요. 나무나 합판으로 된 바닥이 가장 좋아요.

컵에서 컵으로

하루에 엄지손가락과 검지손가락을 얼마나 많이 사용하는지 생각해 보세요. 손가락에 있는 근육들이 얼마나 중요한지 느껴지나요? 이번에는 액체를 한쪽에서 다른 한쪽으로 옮기는 활동입니다. 스포이트를 이용하여 액체를 옮기면서 손가락 근육을 발달시킬 수 있어요. 손과 눈의 협응 능력을 키울 수 있을 뿐만 아니라, 나중에 글씨를 쓸 때 필요한 근육도 발달시킬 수 있어서 좋아요.

준비물

☐ 유리컵 또는 투명한 플라스틱 컵 2개
☐ 작은 쟁반
☐ 식용 색소 또는 물감
☐ 스포이트

활동 방법

① 아이가 컵 하나에 물을 반 정도 채운 후 쟁반 위에 올려 놓도록 해 주세요.

② 아이가 빈 컵을 같은 쟁반 위에 놓게 해요. 물이 채워진 컵에서 약간 떨어진 상태로 놓는 게 좋아요.

③ 물에 식용 색소를 몇 방울 떨어뜨려요.

④ 아이에게 스포이트를 보여 주고, 물컵에 있는 물을 어떻게 옮기는지 보여 주세요. 이후에 같은 물컵을 이용해서 아이가 직접 해 보도록 해야 해요.

⑤ 아이에게 이렇게 말해요. "색깔이 있는 물을 빈 컵으로 옮길 거야. 어떻게 하는 건지 보여 줄 테니 잘 봐. 이제 직접 해 보자."

⑥ 색깔이 있는 물을 다 옮기면 다시 빈 컵으로 옮기는 것을 반복
해도 좋아요.

TIP ─────────────────────────
쟁반을 사용하면 활동 공간을 정해 줄 수 있어 좋아요. 쟁반은 무늬가
있는 것보다는 없는 것이 흘린 물을 치우기에도 쉽답니다.

더 나아가기

컵을 추가할 수도 있어요. 총 4개까지 해 봐요.

아이가 스포이트에 익숙해지면 피펫(pipette)도 시도해 볼
수 있어요. 그리고 유리컵 대신에 불투명한 머그잔을 사용할
수도 있어요.

너트와 볼트를 맞춰요

이번 활동은 71번 활동처럼 엄지손가락과 검지손가락을 뒤틀어 움직이지만 더 작고 정교한 동작이에요. 이 놀이에서 아이는 볼트에 딱 맞는 너트의 정확한 크기를 알아낼 수 있어야 해요.

준비물

☐ 너트 8개

☐ 너트에 맞는 볼트 8개

☐ (무늬가 없는) 쟁반

TIP

작은 부품을 삼키면 질식의 위험이 있어요. 이 활동은 3세 미만의 아이와는 하지 마세요.

활동 방법

① 너트와 볼트를 테이블 위 쟁반에 올려 놓아요.

② 아이에게 이제 새로운 활동을 할 거라고 이야기해 주세요.

③ 볼트 8개를 한 줄로 정렬해 놓고, 너트도 바로 아래에 한 줄로 정렬해 놓아요.

④ 너트 하나와 볼트 하나를 선택해서 둘이 잘 맞는지 확인하세요. 너트와 볼트가 잘 맞을 경우, 너트를 돌려서 볼트에 끼워 넣는 것을 아이에게 보여 주면 돼요. 이제 다른 너트와 볼트를 골라서 이 단계를 반복합니다.

⑤ 조여진 너트와 볼트를 풀어서 제자리에 놓은 다음에 잘 섞어요.

⑥ 이제 아이가 직접 해 볼 수 있도록 이끌어 주세요. "크기가 맞는 너트와 볼트를 찾아서 맞춰 보자."

더 나아가기

작업장을 만들어서 역할 놀이를 할 수 있어요. 아이에게 너트와 볼트, 나사의 차이를 보여 주고 스크류 드라이버를 사용하는 법을 가르쳐 줄 수도 있어요.

자석으로 정리해요

아이들은 너트, 볼트, 자석을 이용한 활동을 아주 좋아합니다. 아이들에게 자석을 이용하여 크기에 따라 금속 물체를 분류하는 것을 가르칠 수 있어요. 이번 활동을 하면서 아이들은 손을 계속 움직여야 하고 집중력이 필요합니다. 다양한 크기의 볼트와 너트를 찾아내기 위해 날카로운 눈도 필요하지요.

준비물

☐ (무늬가 없는) 쟁반

☐ 다양한 크기의 볼트와 너트

☐ 작은 그릇 4~6개

☐ 큰 자석

TIP

이 활동을 처음 할 때에는 그릇을 3개 또는 4개로 시작하고, 너트와 볼트를 넓게 펼쳐 놓으세요. 아이가 이 활동을 완전히 익히면 너트와 볼트를 촘촘히 섞어 두고 그릇을 6개까지 늘려요.

활동 방법

① 아이에게 새롭고 재미있는 놀이를 할 거라고 말해 주세요.

② 쟁반을 아이 앞에 놓아요. 너트와 볼트를 쟁반 위에 쏟은 후에 넓게 펼쳐 놓아요.

③ 그릇들을 쟁반 위쪽에 한 줄로 세워 놓아요.

④ 자석을 이용해서 볼트 중 하나를 들어 올리고, 그릇들 중 한 곳에 담아요. 아이가 똑같이 해 보도록 이끌어 주세요. "이제 네가 해 볼래? 같은 크기의 볼트를 골라내야 한단다."

⑤ 같은 크기의 볼트들이 모두 모였으면 같은 크기의 너트들을 찾아내게 해요.

⑥ 이런 식으로 모든 너트와 볼트를 분류하여 그릇에 옮겨 담을 때까지 계속 진행하세요.

TIP
작은 부품을 삼킬 우려가 있으니, 이 활동은 3세 미만의 아이와는 하지 마세요.

더 나아가기

집안에서 너트와 볼트가 사용된 물건들이 있는지 조사해 보세요. 집안에서 어떤 물체들이 자석인지 알아내기 위해 자석 사냥을 해 봐도 좋아요.

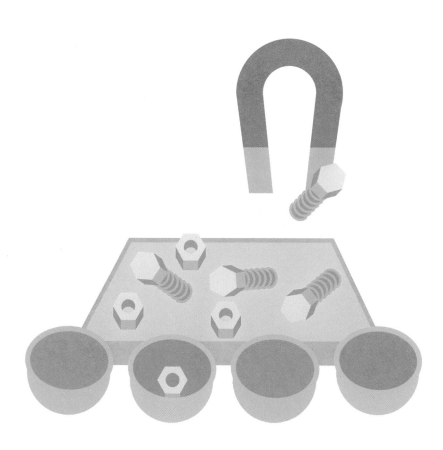

3장

생활 능력 기르기

이번 장에 소개되는 활동들은 아이들에게 중요한 생활 기술들을 가르쳐 줄 거예요. 사실 이런 활동들은 자연스럽게 이루어지기 때문에, 어른들에게는 간단하게 보일 수도 있어요. 하지만 아이들은 이런 활동들을 독립적으로 수행할 수 있을 때 성취감과 자아 존중감을 경험하게 된답니다.

처음에는 손 씻기, 머리 빗기와 같은 기본적인 개인위생 활동을 가르쳐 줄 거예요. 그 다음에는 신발 신기와 물 붓기 같은 활동이 소개됩니다. 손과 눈을 함께 사용하는 협응력을 발달시킬 수 있는 활동들이지요.

뽀득뽀득 손 씻기

손을 씻고 말리는 것은 아주 기본적인 일입니다. 하지만 많은 아이들이 손 씻는 것을 배우지 않고 학교에 다니기 시작합니다. 선생님이 손을 씻으라고 할 때, 아이가 스스로 손을 잘 씻을 수 있다면 얼마나 자랑스럽고 자신감이 넘칠지 상상해 보세요. 단, 처음부터 세면대를 사용하는 것은 어려울 수도 있으니 큰 그릇에 물을 담고 시작해요.

준비물

☐ 크고 넓고 둥근 그릇

☐ 비누 그릇과 비누 또는 펌프형 물비누

☐ 따뜻한 물이 담긴 주전자

☐ 쟁반

활동 방법

① 그릇을 쟁반 위에 놓고, 다른 물건들은 오른쪽에 놓아요. (아이

가 왼손잡이라면 왼쪽이 좋아요.) 그릇에 물을 반쯤 채워 주세요.

② 손을 물에 담그고 비누를 손으로 천천히 문지르는 것을 아이에게 보여 주세요. 아이는 부모님의 손에 비누가 묻는 것을 보게 돼요. 그리고 비누를 비누 그릇에 가져다 놓아요. 펌프형 물비누를 사용하고 있다면 아이에게 한두 방울이면 충분하다고 말해 주세요.

③ 물로 비눗물을 손에서 씻어 내요. 그리고 수건으로 물기를 천천히 닦으세요. 그래야 엄마가 손의 구석구석을 닦고 있다는 것을 아이가 볼 수 있어요.

④ 더러워진 물을 버리고 깨끗한 물을 담으면서 아이에게 이렇게 물어보세요. "왜 물을 버리고 새로 담아야 할까?" 더러운 물을 아이에게 보여 주면 좋은 힌트가 될 거예요. 이제 아이가 혼자 손을 씻게 해요.

더 나아가기

세면대에서 어떻게 손을 씻어야 하는지 아이에게 가르쳐 줍니다. 아이를 작은 의자 위에 세워 놓고, 다음 동작들을 잘 보여 주세요.

- □ 세면대의 하수도 구멍을 막기
- □ 수도꼭지를 틀어서 세면대에 물을 담은 후에 다시 잠그기
- □ 물의 온도 확인하기
- □ 손을 다 씻었으면 하수도 구멍 열기

손 씻는 법과 함께, 기침을 할 때 아이에게 입을 가리는 방법을 보여 주고 이것이 왜 중요한지 설명해 주세요.

TIP

아이가 이제 손을 잘 씻을 수 있으면, 언제 그리고 왜 손을 씻어야 하는지 설명해 주세요. 화장실을 사용한 후에, 식사나 요리를 하기 전에 아이에게 손을 씻도록 말해 주세요. 아이가 스스로 기억할 때까지 말해 줘야 해요. 부모님이 모범을 보여야 한다는 것을 꼭 기억하세요.

치카치카 양치질

어릴 때 꼭 배웠으면 하는 습관이 있다면 바로 양치질일 거예요. 식사하고 나서, 그리고 잠자리에 들기 전처럼 언제 양치질을 해야 하는지 설명해 주세요. 칫솔과 수건은 다른 사람과 함께 사용하지 않는 이유를 설명해 줄 기회이기도 합니다.

준비물

☐ 칫솔 2개
☐ 크고 넓은 둥근 그릇
☐ 컵 2개
☐ 치약
☐ 거울
☐ 물이 담긴 주전자
☐ 수건 2장
☐ 쟁반

활동 방법

① 거울을 중앙에 둔 채로 양치 도구들을 꺼내 놓아요. 물이 반쯤 채워진 컵은 그릇의 오른쪽에 놓아요. 아이의 칫솔, 컵, 수건을 쟁반 위에 놓은 후에 손이 닿지 않는 곳으로 옮겨 놓아요. 아이가 직접 양치질할 때까지 그대로 두세요.

② 치약의 뚜껑을 열고 칫솔 위에 짜요. 콩 1개 정도의 크기면 충분하답니다.

③ 부모님이 먼저 거울을 보면서 이와 잇몸을 천천히 닦는 것을 아이에게 보여 주세요. 이렇게 하면 아이가 거울을 어떻게 사용하는지도 배울 수 있어요.

④ 컵에 담긴 물로 입안을 헹궈요. 남은 물을 칫솔에 부어서 칫솔모를 씻어 내요. 수건으로 입을 닦으세요.

⑤ 이제 아이의 양치 도구를 앞으로 가져와요. 부모님이 방금 했던 것과 똑같이 양치 도구를 배치해 주세요.

> **TIP**
> 아이가 다시 양치질을 해야 할 때, 아이를 세면대로 데리고 가서 이 활동을 반복해 주세요.

머리를 빗어요

~~~~~~~~~~~~~~~~~~~~~~~~~~~~~~~~~~

아이들은 성별에 관계없이 머리 빗기 놀이를 좋아해요. 허영심이 아니라, 빗질하는 기술에 만족하고 자신의 외모를 자랑스러워하게 된답니다.

준비물

□ 탁상 거울
□ 머리빗 2개

활동 방법

① 거울을 테이블 중앙에 위치시켜요. 부모님의 빗을 거울 앞에 놓고, 아이의 빗은 멀리 떨어뜨려 놓으세요.

② 엄마가 머리를 천천히 부드럽게 빗어요. 거울을 보며 머리를 양쪽으로 돌려서 옆머리까지 잘 빗습니다. 그리고 지금 하고 있는 동작을 아이에게 설명해 주세요.

③ 이제 아이가 잘 볼 수 있게 거울을 옮겨 주세요. 아이의 빗을 거울 앞에 놓고, 아이가 스스로 머리를 빗을 수 있게 해요.

더 나아가기

인형을 사용하여 아이에게 말총머리 묶는 방법과 긴 머리를 땋는 방법을 보여 주세요.

손톱을 깨끗이 해요

이번 활동에서는 새로운 동작을 소개할 거예요. 손톱 솔 안쪽에 손톱을 안정감 있게 놓고 양옆으로 쓸어 내는 것은 작은 손으로 숙달하기 어려운 동작입니다. 이 활동은 아이가 비누 거품과 물의 촉감을 느끼면서 자기 손에 집중하게 해요.

준비물

☐ 어린이용 손톱 솔(천연모와 나무로 만든 것이 좋아요.)
☐ 따뜻한 물이 담긴 주전자와 물을 부을 넓은 그릇
☐ 비누
☐ 수건

활동 방법

① 키가 낮은 테이블이 있으면 주전자와 대야를 그 위에 올려 놓고 그 옆에 비누, 손톱 솔과 수건을 놓아요.

② 아이에게 이렇게 말해요. "이제 엄마가 손과 손톱을 아주 깨끗

하게 만들어 줄게."

③ 아이가 대야에 물을 적당히 붓게 해요.

④ 손톱 솔을 들고 다음 동작의 시범을 보여 주세요. 먼저 솔에 비누를 묻힙니다. 그리고 물을 적시고 나서 솔로 아이의 손가락 끝을 좌우로 문질러요.

⑤ 아이가 위 동작을 똑같이 하도록 해요. "이제 직접 해 보자. 손가락 위에서 솔이 움직이는 것을 잘 느껴 봐"라고 말합니다.

⑥ 이제 두 사람 모두 손에서 비누를 씻어 내세요. 따뜻한 물이 담긴 대야에 손을 담그고 손을 비비면서 씻어요.

⑦ 비눗물을 모두 씻어 냈으면 아이가 수건으로 손을 잘 닦게 해요.

차곡차곡 옷 개기

이 활동은 먼저 손수건을 개어 보는 것으로 시작하고, 그 다음에 옷을 개는 단계로 넘어갑니다. 아이가 갤 옷을 선택할 때에는 셔츠나 점퍼처럼 지시선 역할을 할 수 있는 재봉선이 있는 것들이 좋아요. 옷을 개는 이유를 설명하는 기회가 될 수도 있지요. 그리고 갠 옷들은 어디에 보관해야 하는지도 알려 주세요. 서랍마다 옷 그림을 붙이는 것도 좋아요.

준비물

□ 손수건
□ 사인펜
□ 자
□ 아이 옷
□ 큰 바구니

활동 방법

① 펜으로 손수건 위에 가로선과 세로선을 그린 후, 갤 옷과 함께 바구니에 담아요.

② 바구니에서 손수건을 꺼내서 테이블에 펼쳐요. 미리 그어 놓은 선을 따라서 접어요. 손수건을 다시 활짝 펴서 아이에게 건네주세요. "엄마가 한 것처럼 손수건을 개어 보자."

③ 이번에는 지시선이 없는 손수건으로 다시 연습해요.

④ 이제 옷을 개어 볼까요? 한 번에 하나씩 꺼내 주세요. 부모님이 하는 방식대로 옷을 개도 좋지만, 아이가 쉽게 따라 할 수 있도록 일관성이 있어야 해요. 오른쪽 소매를 먼저 접으면, 셔츠든 점퍼든 항상 같은 방식으로 시작해요.

더 나아가기

갠 옷은 서랍과 옷장에 보관해요. 옷을 개고 옷장에 넣는 활동은 세탁을 할 때마다 아이와 함께 하면 좋아요.

침대를 정리해요

어떤 아이들에게는 잠자리에 드는 시간이 불안하게 느껴질 수 있어요. 이때, 아이가 손수 침대를 정리해 보면 불안감을 줄일 수도 있습니다. 게다가 손과 눈의 협응력을 발달시키는데 도움이 되기도 하지요.

준비물

□ 정돈되지 않은 침대
□ 아이가 가장 좋아하는 장난감

활동 방법

① 아이와 함께 정돈되지 않은 침대로 가요.

② 장난감을 침대 위에 놓고 이렇게 이야기해요. "침대가 정돈되지 않았구나. (장난감의 이름을 부르며) 그래서 장난감이 불편해 보이네. 침대를 잘 정리하면 장난감이 더 편안하게 누울 수 있겠구나."

③ 아이에게 이렇게 말하면서 정리를 시작해요. "베개와 장난감을 방바닥에 내려 놓도록 하자."

④ 이불을 털고 매끈하게 펴는 것을 보여 주고 나서 이렇게 말해요. "이번에는 직접 해 볼까?"

⑤ 베개를 집어 들어 침대 위에 보기 좋게 놓아요. 그리고 이렇게 말해요. "이번에도 직접 해 보자."

⑥ 아이에게 장난감을 침대에 눕혀 보라고 한 다음, 이렇게 말해요. "(장난감의 이름을 부르며) 이제 많이 편해 보이는구나."

TIP

이불을 터는 일은 꽤 어려운 동작입니다. 아이가 미숙하더라도 그저 어떻게 하는지 관찰하세요. 그리고 나중에 다시 시범을 보여 주는 게 좋아요.

더 나아가기

깨끗한 시트를 침대에 입히는 활동을 자연스럽게 진행하면 좋아요. 아이와 함께 베갯잇을 입히는 것부터 시작해서, 시트와 이불 커버를 씌우는 것까지 해 보세요. 시트를 세탁하기 위해 벗기는 것도 재미있는 놀이가 될 수 있답니다.

양말의 짝을 찾아요

세탁한 양말을 바구니에 담아요. 처음에는 4켤레를 넘지 않는 게 좋아요. 그리고 아이가 직접 각각 짝이 맞는 양말을 찾게 해요. 한 짝을 다른 한 짝 위에 올려 놓아서 한 켤레를 만들면 됩니다. 준비한 양말들의 짝을 모두 맞추고 나면 양말을 돌돌 말아서 공 모양으로 만드는 방법을 보여 주세요.

준비물

☐ 양말 4켤레
☐ 놀이 전과 후에 양말을 담을 바구니

활동 방법

① 이 활동을 위한 재료를 준비하는 것부터 시작입니다. 먼저 양말들을 바구니에 담아요.

② 아이에게 왜 양말의 짝을 맞추어야 하는지 말해 주세요. "양말을 짝짝이로 신지 않으려면 양말의 짝을 맞추어야 해."

③ 부모님이 원하는 순서대로 아이에게 이 활동의 순서를 정확하게 보여 주세요.

④ 양말들을 바구니에서 꺼내서 방바닥이나 테이블 위에 한 번에 한 짝씩, 왼쪽에서 오른쪽으로 펼쳐 놓아요.

⑤ 아이가 양말들이 어떻게 다른 지 살펴보게 합니다. 예를 들면, 크기나 색깔, 질감 등을 확인하는 거예요.

⑥ 양말 한 짝을 다른 한 짝 위에 올려 놓으면서 짝을 맞추어요.

⑦ 마지막으로 양말 한 짝을 다른 한 짝에 어떻게 말아 넣는지 보여 주세요. 이제 아이가 직접 해 볼 차례예요.

TIP

양말이 같은 색이더라도 크기, 질감과 스타일에 따라서 각각의 짝을 맞출 수 있어요.

짝을 이루는 다른 물건으로도 이 놀이를 할 수 있어요. 예를 들면, 신발이나 장갑 같은 것들이 있어요. 조금 큰 아이들이라면 귀걸이도 좋아요.

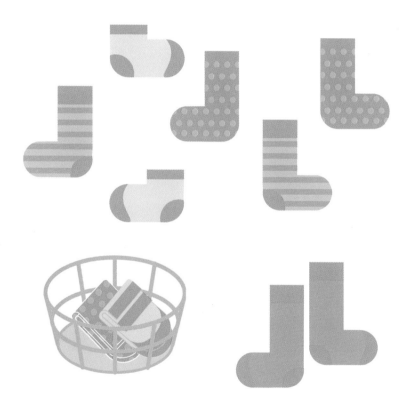

마법처럼 외투 입기

여기, 아이가 혼자서 코트나 재킷을 입게 하는 빠르고 재미있는 방법이 있습니다. 아이가 필요한 기술을 이해하는 데에 시간이 좀 걸릴 수도 있어요. 하지만 일단 익숙해지면 아이는 외출 준비를 아주 좋아하게 될 거예요.

활동 방법

① 코트를 바닥에 놓고, 안쪽 면이 위를 향하게 해요.

② 아이가 코트의 목 부분 위쪽에 서게 해요. 목 끝 쪽을 향해 서 있어야 합니다.

③ 아이가 쪼그려 앉게 하고 팔이 들어가는 소매 아래로 팔을 내리게 해요.

④ 이제 코트를 입을 겁니다. 아이에게 이렇게 말해요. "팔이 들어가는 소매 안쪽을 잡고 일어서면서 팔을 머리 위로 들어 올려봐. 팔이 코트 소매 안으로 들어가면서 코트가 몸에 착 달라붙을 거야."

TIP —————————————————————
어린아이들에게는 부모님이 코트를 입는 모습을 직접 보여 주세요. 또,
코트 없이 이 동작을 연습해 보는 것도 도움이 될 수 있어요.

더 나아가기

아이가 가장 좋아하는 점퍼를 이용해서 소매의 겉면이 바깥
으로 나오게 하는 연습을 해요. 그 다음에 옷 전체의 겉면이
바깥으로 나오게 해 봐요.

단추를 채워 봐요

단추를 채우는 것은 복잡한 활동이기 때문에, 여러 단계로 나누고 아이들이 각 단계를 이해할 수 있게 해야 해요. 아이들은 단춧구멍이 모자라지 않게 셔츠의 끝을 일렬로 잘 정렬시키는 것을 가장 힘들어 해요. 이런 문제를 피하려면 테이블 위에 셔츠를 펼쳐 놓고 아래쪽부터 위로 채워 보면 돼요. 이렇게 하면 아이들이 셔츠를 입을 때 맨 아래 단추와 단춧구멍을 잘 맞출 수 있어요.

준비물

☐ 단추가 큰 셔츠나 카디건

활동 방법

① 아이가 셔츠를 잘 볼 수 있게 테이블 위에 놓아요.

② 셔츠를 활짝 열었다가 다시 닫으세요. 아이가 셔츠를 어떻게 열고 닫는지 알게 됩니다.

③ 맨 아래에 있는 단추부터 시작해서 천천히 위로 올라가요.

④ 단춧구멍을 가능한 넓게 벌려 줍니다. 아이는 단추를 구멍에 넣기 위해서는 구멍을 벌려야 한다는 사실을 이해하게 될 거예요.

⑤ 아이에게 나머지 단추들을 모두 채우고 다시 푸는 모습을 보여 주세요. 이제 아이가 해 볼 수 있도록 셔츠를 아이에게 주세요.

TIP
처음에는 엄마나 아빠의 셔츠, 카디건 또는 코트로 시작해 봐요. 단추가 커서 비교적 쉽게 할 수 있답니다. 그러고 나서 아이의 옷으로 진행해요. 단, 새 옷이나 방금 세탁한 옷은 피해 주세요.

더 나아가기

다른 옷들로 연습해 봐요. 단추를 채우기 전에 옷을 열었다 닫고, 아래에서 위로 단추를 채워요. 다음 단계로 단추가 작은 옷도 좋을 거예요.

똑딱단추처럼 다른 종류의 단추들로 연습해 봐요. 대신, 동작의 각 단계를 따라하기 쉽게 해야 해요. 단추 같은 것들을 채울 때에는 동일한 순서를 따르는 게 좋아요.

아이가 손모아장갑이나 손가락장갑을 잘 끼는지 그리고 다른 종류의 옷들도 잘 입는지 보세요.

지퍼가 오르락내리락

아이들은 지퍼를 재미있어 하지만, 사실 꽤 까다로운 동작이기도 해요. 아이들이 지퍼를 올리는 동안 부모님이 지퍼의 아랫부분을 붙잡고 있어야 할 수도 있어요. 이번 활동은 아이에게 지퍼를 올리고 내리는 방법을 가르쳐 줍니다. 지퍼를 올릴 때와 내릴 때에는 서로 다른 기술이 필요해요.

준비물

☐ 간단한 지퍼가 달린 옷

활동 방법

① 아이에게 지퍼가 잠겨 있다는 것을 보여 주세요. 엄마가 오른손 엄지와 검지로 지퍼 손잡이를 꼬집듯이 잡아요.

② 왼손 엄지손가락과 검지로 지퍼 이빨의 오른쪽 상단 부분을 꼬집듯이 잡아요.

③ 천천히, 그리고 중간에 멈추지 말고 지퍼를 아래로 당겨요. 아

래쪽에서 속도를 줄여서 지퍼 핀이 어디서 나오는지 명확히 보여 주세요. 지퍼가 양쪽으로 벌어져 떨어지게 해서 이 동작을 강조해 주세요.

④ 지퍼를 다시 채우기 위해서 오른손 엄지와 검지로 지퍼 손잡이를 꼬집듯이 잡아 줍니다. 손잡이가 아래쪽을 향하고 있는지 확인하세요.

⑤ 오른손 검지는 지퍼 탭의 윗부분에, 엄지는 지퍼 탭의 아랫부분에 위치시키고 함께 눌러요.

⑥ 왼쪽 엄지와 검지로 지퍼 이빨의 오른쪽 하단을 꼬집듯이 잡아요. 지퍼 핀을 지퍼 탭안으로 천천히 밀어 넣어요. 지퍼 핀이 탭안으로 꽉 차게 들어갔는지 확인하세요.

⑦ 오른손 엄지와 검지로 지퍼 손잡이를 다시 잡아요. 왼손으로 옷을 잡아당기면서 지퍼 손잡이를 위로 밀어 올려요. 지퍼가 맨위에 닿을 때까지 올립니다.

왼쪽일까 오른쪽일까

왼쪽과 오른쪽의 차이를 배우는 것은 편측성에 대한 개념과 관련이 있어요. 신체의 좌측면과 우측면에 대한 내적인 자기 인식이 있다는 거지요. 신체를 반으로 나누는 명확한 중간선이 있다는 의미이기도 합니다. 그렇기 때문에, 오른쪽 신발과 왼쪽 신발을 어떻게 구별하는지 배우는 것은 이러한 자기 인식을 발달시킬 수 있어요. 이 활동은 신발을 인식하도록 도와줄 뿐만 아니라, 혼자서 옷을 입는 것을 도와줄 수도 있답니다.

준비물

☐ 아이의 신발

☐ 마커 펜 또는 반으로 자른 그림 스티커

☐ 쟁반

활동 방법

① 신발 한 켤레를 테이블 위에 올려 놓아요. 발가락 부분이 멀리

향하게 해요.

② 아이가 자기 이름을 알아볼 수 있다면, 한쪽에는 성을 쓰고 다른 한쪽에는 이름을 적어요.

③ 만약 아이가 이름을 읽을 수 없다면, 스마일 표시를 양쪽 신발의 안쪽 가장자리에 그려요.

④ 아이에게 신발의 안쪽을 보여 주면서 이렇게 말해 주세요. "신발을 신을 때에는 스마일 표시가 있는지 꼭 봐야 해."

⑤ 신발을 바닥에 아무렇게나 놓고, 신발이 어느 쪽 발에 맞는지 아이가 찾게 합니다.

신발에 붙일 스티커를 구입하거나 직접 만드는 것도 좋아요. 단, 항상 신발 안쪽 가장자리에 표시를 남겨 주세요.

더 나아가기

아이들이 재미있게 왼쪽과 오른쪽의 차이를 배울 수 있도록 도와주는 동작이 있어요. 왼손을 들고 엄지손가락을 검지손가락에 직각으로 붙이면, 'ㄴ(니은)'받침이 만들어져요. 이 동작을 보여 주면서 아이에게 이렇게 말해요.

"'ㄴ' 모양이 왼쪽을 나타내는 거야. 그러니 왼쪽인지 오른쪽인지 헷갈리면 손을 들고 엄지손가락을 검지손가락에 붙였을 때 어느 쪽 손가락이 'ㄴ' 모양을 만드는지 보면 돼."

신발을 신어요

아이가 신발 신는 것을 어려워
하면, 이 활동의 설명대로 신발 신
는 법을 처음부터 가르쳐 주세요.
아이가 활동을 잘 하게 되었을 때, 신
발 뒤꿈치를 아이 쪽으로 돌려서 아이가
직접 신발을 신어 보게 해요.

TIP
신발 끈을 묶는 것은 어린아이들에게는 아주 어려운 일이에요. 벨크로
나 버클이 달린 신발로 시작하면 아이에게 자신감을 심어줄 수 있어요.
그러고 나서 끈으로 묶는 신발도 연습해 봐요.

더 나아가기

아이가 직접 신발을 신어 보게 해요.

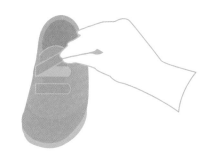

활동 방법

벨크로 신발

① 아이에게 신발을 가져오라고 해요.
   테이블 위에 매트를 깔고 발끝이 부
   모님을 향하게 신발을 놓아요.

② 오른쪽 신발을 앞으로 가져와요. 벨크로 스트랩을 들어올려요.
   벨크로 스트랩을 잘 맞추어야 한다는 것을 아이가 볼 수 있게
   한 후에 신발을 신겨 주세요. 왼쪽 신발을 내려 놓고 오른쪽 신
   발을 되돌려 놓아요. 왼쪽 신발로 반복해요.

③ 아이가 직접 해 볼 수 있게 매트 위에 놓인 신발을 아이에게 건
   네 주어요.

버클 신발

① 아이에게 신발을 가져오라고 해요. 테이블 위에 매트를 깔고 발
   끝이 부모님을 향하게 신발을 놓아요. 오른쪽 신발로 시작해 봐
   요. 스트랩을 아래에서 위로 들어 올려요.

② 스트랩을 뒤로 구부려 구멍이 드러나도록 해요.
   핀을 구멍 안으로 밀어 넣고 신발을 잘 조여요.

③ 왼쪽 신발로 반복해요. 이번에는 신발을 돌
   려서 발꿈치가 여러분을 향하게 해요. 신발 버
   클을 풀고 아이가 직접 해 볼 수 있게 매트 위에
   놓인 신발을 아이에게 건네 주세요.

신발 끈을 묶어요

끈이 달린 신발은 아이에게는 꽤 큰 도전입니다. 일단 아이가 벨크로 혹은 버클로 된 신발을 잘 신을 수 있고, 왼쪽 신발과 오른쪽 신발을 잘 구분할 수 있어야 해요. 그리고 나서 신발 끈 묶는 법을 가르쳐 주세요.

활동 방법

① 발가락 부분이 부모님을 향하도록 한 채로 신발을 탁자 위의 매트에 올려 놓으라고 아이에게 말해 주세요. 오른쪽 신발을 가지고 와서 끈을 양옆으로 뽑아요. 양쪽 끈을 교차시켜요.

② 오른손으로 오른쪽 끈을 잡아요. 끈을 가운데 아래로 교차시켜요. 양쪽 끝을 잡아당겨 매듭을 지어요.

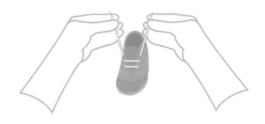

③ 왼손으로 왼쪽 끈의 가운데쯤을 잡아요. 끈을 엄지와 두 번째 손가락 사이로 집어 오른손으로 옮겨요. 왼손은 줄의 가운데를 잡고 토끼 귀를 만들어요.

④ 오른손에 오른쪽 끈을 잡고 가운데 부분을 고리로 묶은 다음 당겨서 나비 매듭을 만들어요.

⑤ 다른 쪽 신발에도 반복합니다. 양쪽 신발의 끈을 모두 풀고 아이에게 건네 주어요. 이제 아이가 직접 해 볼 차례예요.

영상을 통해 끈 묶는 법을
참고하세요!

가죽 신발이 반짝반짝

많은 아이들이 신발을 닦는 활동을 좋아해요. 가끔 신발 바닥을 너무 열심히 닦아서 아주 미끄럽게 만들기도 하지요. 신발을 손질하는 활동은 미세한 운동 능력을 발달시키기도 합니다. 단, 신발 광택제를 쓸 때는 주의해야 해요. 구두약을 먹으면 급성 복통을 일으킬 수 있습니다.

준비물

- □ 구두약(무색) 1 통
- □ 구두약을 덜어 쓸 작은 그릇
- □ 비닐 매트
- □ 아이의 가죽 신발
- □ 작은 천
- □ 쟁반

활동 방법

① 아이가 앉기 전에, 구두약을 약간 덜어서 그릇에 담아 두세요. (사용할 구두약의 양을 제한하는 거예요.) 쟁반 위에 비닐 매트를 깔고, 가죽 신발, 구두약을 담은 그릇, 솔, 천을 아이와 함께 준비해요.

② 천을 손에 들고 구두약을 약간 묻혀 보세요. 그리고 신발 표면 전체에 넓고 고르게 바릅니다.

③ 천을 쟁반에 놓고 솔을 들어요. 솔로 문지르면서 신발에 광을 내요.

④ 활동이 끝나고 아이에게 이렇게 물어보세요. "우리가 왜 신발을 깨끗이 손질해야 할까? 그리고 왜 신발을 신기 위해 매트를 깔아야 할까?" 만약 아이가 자신 없는 모습을 보이면, 신발 바닥을 보여 주면서 대답을 유도하세요.

더 나아가기

다른 물건으로 똑같은 활동을 할 수 있어요. 나무로 만든 물건을 가구 광택제로 닦아 보세요. 아이에게 키가 작은 나무 테이블을 어떻게 닦아야 하는지 보여 주면 돼요.

주전자를 기울여요

하루 중에 물을 붓는 동작을 몇 번 하는지 잠깐 생각해 보세요. 성인에게는 복잡하지 않고 쉬운 동작이지만, 아이에게는 강한 집중력뿐 아니라 눈과 손의 협응력이 필요한 활동이랍니다. 이 능력을 발달시킬 수 있는 좋은 연습 방법이 있어요. 플라스틱 주전자에 콩을 담아서 다른 주전자에 물을 붓듯이 쏟아 내는 동작이에요. 아이가 이 활동을 자신 있게 할 수 있으면, 다른 재료를 이용해서 같은 동작을 시도해 보세요.

준비물

☐ 플라스틱 주전자 2개
☐ 콩 1봉지
☐ 쟁반

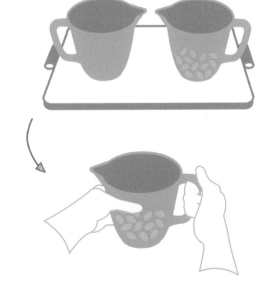

활동 방법

① 주전자들을 쟁반 위에 올려 놓아요. 주둥이는 서로 마주 보고 손잡이는 바깥쪽을 향하게 두세요. 오른쪽에 있는 주전자에 콩을 3분의 1정도 채웁니다.

② 오른손으로 오른쪽에 있는 주전자를 들어요. 190페이지의 그림처럼 왼손으로 주전자 아래쪽을 받쳐 주세요.

③ 공을 왼쪽에 있는 주전자에 부어요. 이제 주전자를 바꾸어서 아이가 할 차례예요.

더 나아가기

콩 대신에 쌀이나 설탕과 같이 더 작은 재료로 해 봐요. 식용 색소를 탄 물로도 같은 활동을 할 수 있지요. 물로 연습할 때에는 아마 흘린 물을 닦을 수건이 필요할 거예요.

주전자에서 주전자로 붓는 게 익숙해지면, 주전자에서 컵으로 부어 보세요. 이 놀이는 실생활에서 해 볼 수도 있답니다. 물이 반 정도 채워진 주전자를 아이에게 주고, 저녁 식탁에서 유리컵에 물을 따라 보게 하세요.

쌀 옮기기 놀이

숟가락을 이용하거나 쏟아부어서 무언가를 옮기는 활동은 근육의 협응력을 발달시키는 데 도움이 됩니다. 음식을 먹는 일, 음식을 차리는 일 그리고 요리하는 활동들에 도움이 되지요. 더 복잡한 동작인 글쓰기를 위한 근육을 발달시킬 수도 있어요. 물 붓기 활동에서 한 것처럼 크기가 큰 재료부터 시작해서 좀 더 작은 재료를 옮기는 활동으로 진행하는 게 좋아요.

준비물

☐ 작고 얕은 냄비 2개 (컵케이크 크기 정도)

☐ 찻숟가락

☐ 작은 쟁반

☐ 냄비를 반쯤 채울 정도의 쌀

활동 방법

① 쟁반 위에 냄비 2개를 놓고 찻숟가락은 오른쪽에 준비해요. 왼

쪽에 있는 냄비에 쌀을 담습니다.

② 찻숟가락을 들고 쌀을 왼쪽 냄비에서 오른쪽 냄비로 옮기기 시작하세요. 한 톨도 남기지 말고 옮겨요.

③ 냄비의 위치를 바꾸어요. 쉽게 말해서, 쌀이 담긴 냄비를 다시 왼쪽에 놓아요. 숟가락은 오른쪽에 두고 아이에게 쟁반을 넘겨주세요. 이제 아이가 할 차례랍니다.

TIP —————————————————

항상 왼쪽에서 오른쪽으로 진행하면 아이가 글을 읽을 때 도움이 됩니다. 또한 활동을 할 때, 부모님이 주의를 기울이는 모습을 보이면 아이도 똑같이 할 거예요. 만약 아이가 왼손잡이라면 부모님도 숟가락을 왼손에 쥐어요.

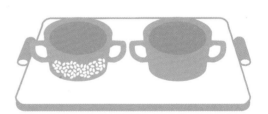

더 나아가기

두 개의 빈 냄비를 준비해요. 그리고 쌀이 담긴 냄비의 양쪽에 하나씩 놓아요. 아이가 두 개의 빈 냄비 사이에서 번갈아 쌀을 옮기게 해요. 쌀을 다 옮기면, 설탕이나 밀가루와 같이 더 작은 재료로도 해 봐요.

알록달록 식탁 깔개

아이가 밥상을 차리는 것을 배우기 전에 해 볼 만한 사랑스럽고 창의적인 활동이 있어요. 바로 식탁 깔개를 만드는 것이지요. 깔개를 디자인할 때 과일 그림을 그려 넣는 것을 추천해요. 대부분의 아이들은 과일 모양을 자신 있게 그리거든요. 하지만 아이가 특별히 원하는 그림이 있다면 디자인을 바꿔도 좋아요. 이 활동의 목표는 식사 시간을 행복한 경험으로 만들어 주는 것이랍니다.

준비물

☐ 연필, 가위

☐ A4 종이 크기의 하얀색 카드

☐ 과일 그림들 또는 다른 이미지의 그림들

☐ 앞치마

☐ 다양한 색상의 포스터 또는 아크릴 물감

☐ 팔레트 또는 종이 접시

☐ 스펀지

☐ 코팅기 또는 비닐 코팅지

활동 방법

① 먼저, 아이에게 과일 그림을 보여 주세요. 과일들의 모양에 대해 이야기하면서 손가락으로 따라 그려 보면 더 좋아요. 그리고 아이에게 앞치마 입는 법을 보여 주세요.

② 아이에게 이렇게 물어봐요. "어떤 과일부터 시작할까?" 그리고 나서 잘 맞는 색깔의 물감들을 팔레트나 종이 접시에 올려 놓습니다.

③ 아이에게 손가락으로 그림을 그릴 것이라고 말해 줘요. "손가락으로 그림을 그릴 거야. 손가락을 물감에 살짝 담가 봐."

④ "과일의 테두리를 먼저 그려 보자. 그리고 그 안을 색으로 채우는 거야."

⑤ 나뭇잎을 그릴 때에는 스폰지를 나뭇잎 모양으로 잘라내요. 녹색 물감을 묻힌 후에 도장처럼 찍어요.

⑥ 그림을 다 그렸으면 잘 말린 다음, 코팅으로 마무리해요.

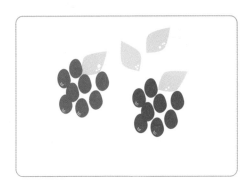

TIP

하나의 색상도 여러 가지 색조로 만들어 보아요. 아이가 색조가 다른 색깔들에 손가락을 찍어 보게 해요. 하지만 색깔을 섞는 것은 되도록 피해 주세요.

더 나아가기

큰 아이들은 과일 바구니를 그림에 추가하고 싶어할 수도 있어요. 그리고 물감을 사용하는 대신 과일 사진으로 콜라주를 만들 수도 있지요.

밥상을 차려요

아이에게 밥상 차리는 법을 가르쳐 줄 수 있는 효과적인 활동이 있어요. 식기를 놓을 자리를 표시해 주는 종이를 사용하면 아이가 식기와 접시가 놓이는 위치를 알게 됩니다. 이 활동을 잘 익히면, 밥상 차리기는 아이가 할 수 있는 집안일이 되지요. 많은 아이들이 냅킨을 정교하게 접는 방법에 흥미를 가집니다. 이 활동은 실용적인 장점이 있으면서도 아이가 접는 동작과 오른손잡이와 왼손잡이의 위치를 배울 수 있어요.

준비물

☐ 종이 크기에 맞는 작은 접시

☐ A4 크기의 두꺼운 종이

☐ 연필

☐ 검정 사인펜

☐ 숟가락

☐ 젓가락

☐ 포크

아이가 앉기 전에, 접시를 종이에 놓고 연필로 접시 둘레를 따라서 그려요. 숟가락, 젓가락, 포크도 마찬가지로 종이 위에 윤곽선을 따라 그려요. 종이 위에 각 식기의 자리가 표시됩니다. 연필로 그린 윤곽선을 따라서 사인펜으로 덧그려 주면 윤곽선이 두드러지게 잘 보이겠죠?

활동 방법

① 종이를 수저, 포크, 접시와 함께 쟁반 위에 올려 놓아요. 아이가 쟁반을 식탁에서 자기 앞의 가운데 위치에 놓게 해요. 종이를 쟁반에서 **빼서** 쟁반 앞에 펼쳐 놓아요.

② 아이에게 이렇게 말해요. "엄마가 접시를 종이 위에 있는 그림에 맞게 놓을 거야." 손가락으로 접시 가장자리를 따라서 훑어

요. 그리고 나서 종이 위에 있는 윤곽선에도 그 동작을 반복하면 아이가 접시의 모양이 일치하는 것을 알게 됩니다.

③ 아이에게 이렇게 물어보세요. "숟가락, 젓가락, 포크를 종이 위에 있는 그림들에 맞출 수 있겠니?" 숟가락, 젓가락, 포크를 쟁반 위에 펼쳐 놓으면 아이가 각각의 물건을 분명하게 볼 수 있어요. "그럼 이제 숟가락, 젓가락, 포크를 종이 위에 있는 그림들과 맞추어 보자."

④ 아이가 종이 위에 식기를 세팅하는 것에 자신감이 생기면, 종이 없이 해 보도록 해요. 종이를 뒤집어서 멀리 옮겨 놓고, 아이가 식기를 모두 세팅하면 올바르게 했는지 종이를 보고 함께 확인합니다.

더 나아가기

유리컵이나 찻숟가락 같은 물건을 추가해서 윤곽선을 그려요. 냅킨을 추가할 수도 있지만, 윤곽선을 그리지 말고 어떻게 접어서 포크 아래에 깔아 두는지만 보여 주세요.

빨래집게를 써 봐요

아이의 근육 협응력을 발달시킬 수 있는 아주 간단한 활동이 있습니다. 바로 빨래집게를 이용한 활동이지요. 아주 어린 아이들도 할 수 있답니다. 아이가 보편적인 빨래집게를 잘 사용할 수 있게 되면, 작은 빨래집게나 장난감 빨래집게로도 이 활동을 할 수 있어요. 만약 빨래집게를 새로 구입했다면 여러 번 사용하여 스프링을 느슨하게 만들어 주세요. 그리고 아이에게 빨래집게는 장난감이 아니며, 집게 부분에 손가락이 물리지 않도록 주의해야 한다는 걸 알려 주세요. 빨래집게로 살을 꼬집으면 다칠 수 있어요.

준비물

☐ 빨래집게로 가득 찬 작은 바구니

활동 방법

① 바구니를 부모님 앞에 놓
   고, 빨래집게를 하나씩
   천천히 바구니 둘레에
   물려요.

② 아이에게 빨래집게가 벌
   어지고 닫히는 모습을 보여
   주세요. 빨래집게를 바구니에
   붙이고 떼어 내려면 빨래집게를 완전
   히 벌려야 한다는 것을 아이가 알게 됩니다.

③ 부모님이 먼저 빨래집게를 5개 정도 붙이고 나서 바구니를 아
   이에게 건네 주어요. 그리고 아이가 활동을 마무리할 수 있게
   해 주세요.

④ 아이가 다 끝내면 빨래집게를 떼어 내는 것도 보여 주세요. 이
   어서 바구니에 다시 담는 것도 보여 줍니다.

더 나아가기

이 활동을 한 이후, 빨래를 널 때 아이에게 작은 옷을 몇 벌
건네 주세요. 아이가 빨래를 널고 빨래집게로 빨래를 고정시
켜 볼 수 있어요.

조심조심 집게 놀이

아이들은 정리 정돈을 좋아하기 때문에, 이 활동이 아주 매력적이라는 것을 알게 될 거예요. 이 활동의 핵심은 집게를 벌리고 닫는 동작이에요. 처음에는 큰 집게로 시작하고, 나중에 핀셋을 사용하여 동작을 섬세하게 다듬어 주세요.

아이가 이 활동을 완전히 익히면 색깔과 모양에 따라 물건을 분류하는 활동으로 응용할 수도 있어요. 단, 이 활동을 하는 동안 항상 아이를 잘 지켜봐야 해요. 작은 구슬은 삼키면 질식의 위험이 있고, 코나 귀에 들어갈 수도 있거든요.

준비물

□ 얕은 접시 2개
□ 집게
□ 작은 쟁반
□ 접시 하나를 반 정도 채울 나무 구슬

활동 방법

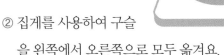

① 접시들을 쟁반 위에 나란히
올려 놓아요. 집게는 오른
쪽에 두세요. 왼쪽에 있
는 접시에 구슬을 반 정
도 채워요.

② 집게를 사용하여 구슬
을 왼쪽에서 오른쪽으로 모두 옮겨요.

③ 접시의 위치를 바꾸면 구슬이 담긴 접시가 다시 왼쪽에 위치해
요. 쟁반을 아이에게 넘겨주세요. 이제 아이가 해 볼 차례예요.

더 나아가기

빈 접시를 2개 이상 준비하고, 아이가 접시 사이를 오가며 옮
기게 해 봐요. 비슷한 활동을 해 볼 수 있어요. 종류나 색깔,
또는 둘 다를 기준으로 분류할 수도 있겠죠?

핀셋을 사용하여 말린 콩을 소주잔에서 소주잔으로 옮겨요.
집게를 사용하는 동작과 동일하지만, 도구가 작아질수록 더
어려워집니다.

뚜껑을 찾아 봐요

비밀번호를 입력해서 열고 닫는 장난감 금고는 아주 재미있는 장난감입니다. 잼의 병뚜껑을 비틀어 열고 닫는 동작부터, 자물쇠에 열쇠를 넣고 돌리는 동작까지 아이들은 물건을 '열고 닫는' 활동에 호기심을 갖지요. 지금 소개할 활동은 아이들의 이러한 호기심을 충족시켜 줍니다. 이전에 했던 49번 활동과도 비슷해요. 단, 아이에게 바구니에 있는 병들만 사용할 수 있고 집 안 곳곳의 다른 병들은 허락을 받아야 사용할 수 있다고 알려 주세요.

준비물

□ 작은 병 6개 이상

□ 바구니

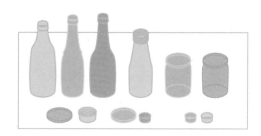

TIP ─────────────

다양한 크기의 병을 준비해요. 아이가 다양한 크기의 구멍과 뚜껑을 명확히 살펴볼 수 있게 해 주세요.

활동 방법

① 병들을 바구니에서 꺼내요. 병뚜껑을 병에서 분리한 후, 병들 앞에 무작위로 보기 좋게 한 줄로 놓아요.

② 왼쪽에서 오른쪽으로 순서대로 하나씩 병과 뚜껑을 맞춰 봐요. 맞는 병을 찾으면 뚜껑을 돌려 병을 잠그는 동작을 강조하세요.

③ 준비한 병의 반은 부모님이 하고, 나머지는 아이가 찾아요.

④ 아이가 다 찾으면 부모님이 어떻게 뚜껑을 여는지 보여 줍니다. 병을 여는 동작과 잠그는 동작을 할 때 돌리는 방향이 다르다는 것을 확실하게 보여 주세요. 활동이 끝나면 모든 병과 뚜껑을 바구니에 다시 담아요.

더 나아가기

다양한 상자를 사용하여 상자 뚜껑을 열고 닫는 동작을 보여 줘도 좋아요. 크고 느슨한 너트와 볼트를 사용하면 돌려서 끼울 때 더 멋진 회전 동작을 보여 줄 수 있어요. 단, 너트는 삼키면 질식 위험이 있으니 주의 깊게 지켜봐야 해요. 49번 활동을 참고하세요.

열쇠로 열어 봐요

이 활동은 집중력이 많이 필요합니다. 아이들이 미세한 운동 능력을 시험하는 동안, 아주 조용한 분위기를 유지해 주세요. 열쇠로 여는 동작은 아이들의 협응력과 힘을 키울 수 있어요. 또한 크기로 사물을 구분하는 능력과 어떤 열쇠가 어떤 자물쇠에 맞는지 기억하는 능력도 시험할 수 있습니다.

준비물

☐ 각종 잠금장치와 그에 맞는 열쇠

(예시: 자전거 잠금장치, 자물쇠, 열쇠로 여는 금고)

☐ 쟁반

☐ 열쇠를 담아 놓을 접시

활동 방법

① 모든 자물쇠를 쟁반 위에 펼쳐 놓아요.

② 각각의 자물쇠에서 열쇠를 분리하여 접시에 담아요.

③ 먼저, 부모님이 왼손으로 첫 번째 자물쇠를 집어 들어요. 오른손으로 열쇠를 들고 자물쇠 안에 어떻게 꽂는지 보여 주세요. 처음에는 자물쇠에 맞지 않는 열쇠를 사용해요. 하나씩 '제외하는 과정'을 통해 어떻게 딱 맞는 열쇠를 찾는지 아이에게 보여 줄 수 있답니다.

④ 자물쇠에 정확하게 맞는 것을 찾으면, 열쇠를 자물쇠에 꽂은 다음 어떻게 돌려야 자물쇠가 열리는지 아이에게 보여 주세요.

⑤ 아이가 이 과정을 반복하도록 해요.

⑥ 모든 자물쇠를 찾아서 열었으면, 부모님은 어떻게 다시 잠글 수 있는지 아이에게 보여 주세요.

⑦ 아이가 자물쇠를 잠그는 과정을 반복하게 해요. 자물쇠를 다 잠그면 열쇠를 모두 회수할 수 있어요.

더 나아가기

가지고 있는 자물쇠가 없다면 현관이나 집 안의 문과 그에 맞는 열쇠를 사용해도 괜찮아요.

단춧구멍에 쏙쏙!

실을 꿰는 것은 모든 아이들에게 재미를 줄 뿐만 아니라, 근육의 발달과 손과 눈의 협응력에도 탁월한 활동입니다. 단추 구멍이 큰 단추부터 작은 단추로, 그리고 구슬까지 점차적으로 진행해 보세요. 일단 이 기술을 잘 익히고 나면 장신구 등을 만드는 공예 활동을 할 수 있어요. 이 활동을 할 때에는 아이를 항상 잘 지켜봐야 해요. 단추와 작은 구슬들은 삼키면 질식의 위험이 있고, 코나 귀에 들어갈 수도 있으니까요.

준비물

☐ 구멍이 큰 단추들
☐ 실이나 끈
☐ 단추를 담을 작은 그릇

활동 방법

① 단추들과 실 또는 끈을 그릇에 담아요.

② 실을 꺼내 들고 아이에게 직접
보여 주면서 이렇게 설명해
주세요. "단추가 흘러내리
지 않게 실의 끝에 매듭을
지어야 해."

③ 단추를 하나씩 천천히 실의
끝까지 꿰어 넣어요. 실이 단
춧구멍을 통과하는 장면을 확실
히 보여 주세요. 아이는 단추가 아래로
미끄러져 내려가야 한다는 것을 알게 됩니다.

④ 단추 6개 정도를 실에 꿰고 나서, 다시 빼내어 실과 함께 그릇에
담아요.

⑤ 그릇을 아이에게 건네 주세요. 이제 아이가 해 볼 차례입니다.
아이가 활동을 모두 마치면, 실을 묶어서 목걸이로 만들고 싶어
할지도 몰라요.

더 나아가기

단추 대신에 구슬을 꿰어 봐요. 큰 구슬부터 시작해서 작은
구슬까지 진행해요. 펜네 파스타를 사용해도 좋아요. 파스
타를 다 꿰고 나서 목걸이를 식용 색소에 담가서 물들여요.
45번 활동을 참고하세요.

카드에 끈을 꿰어요

이번에는 카드의 가장자리에 만들어 놓은 구멍에 신발 끈을 꿰어 보는 활동이에요. 이 기술을 익히면 아이는 천 위에 만들어 놓은 구멍을 통해 바느질을 해 볼 수 있어요. 바느질은 손과 눈의 협응력을 발달시킬 수 있는 탁월한 활동입니다. 하지만 바느질을 하려면 아이가 5세 이상은 되어야 해요. 아이가 다치지 않도록 항상 세심하게 지켜봐 주세요.

준비물

☐ 마분지 (가로 20센티미터 × 세로 20센티미터)

☐ 펀치기 (종이에 구멍을 뚫는 사무용품)

☐ 가위

☐ 연필

☐ 신발끈이나 실

☐ 사인펜

☐ 작은 쟁반

활동 방법

① 아이와 함께 앉기 전에 마분지 위에 동물 그림을 가능한 크게 그려요.

② 선을 따라 동물 모양 그림을 잘라 내요. 가장자리에서 2센티미터 간격을 두고, 연필로 구멍을 만들 자리를 표시해요. 신발 끈이 쉽게 들어갈 수 있도록 충분히 크게 구멍을 만들어 주세요.

③ 아이가 동물 모양 카드에 색을 칠하게 해요. "동물 모양 카드에 색을 칠해 볼까? 얼굴도 그려 보고, 진짜 동물처럼 만들어 보자." 완성된 카드를 신발 끈이나 실과 함께 쟁반에 올려 놓아요.

④ 끈의 끝 부분에 매듭을 짓지 않으면 어떻게 되는지 아이에게 보여 주고 나서, 신발 끈에 매듭을 지어요.

⑤ 한 손에 신발끈을 들고 꿰는 동작을 합니다. 신발 끈을 구멍의 위에서 아래로 통과시키면서 시작해요. 끈은 다음 구멍의 아래에서 위로 빼내요.

⑥ 카드를 반쯤 꿰고 나서 아이에게 나머지 부분을 완성하게 해요. 아이가 이 활동을 반복하고 싶어하면 신발 끈을 조심스럽게 구멍에서 빼 주세요.

아이와 함께 동물 카드를 세트로 만들어 놓아도 좋아요.

아이에게 바느질을 가르쳐 주려면, 먼저 바느질을 할 수 있는 천을 준비해요. 구멍을 크게 만들어 놓아야 바느질 활동을 자세히 알려 주기에 좋답니다. 그리고 아이에게 색실과 일자 모양 바늘땀, 십자 모양 바늘땀을 소개해 주세요. 일자 모양 바늘땀은 안팎으로 같은 바늘 땀이 나게 하고 십자 모양 바늘땀은 실을 '十' 모양으로 엇갈리게 놓는 바느질이에요. 이 활동을 할 때에는 아이가 바늘에 찔리지 않도록 항상 주의해 주세요.

아이에게 뜨개질 바늘이나 코바늘을 어떻게 사용하는지도 보여 주세요. 이런 바늘들은 끝이 뭉툭해서 좋아요.

사각사각 가위 놀이

종이 조각을 반으로 자르는 것은 대부분의 아이들에게 비교적 간단한 활동이지요. 하지만, 주의를 기울여 정교하게 자르는 것은 또 다른 문제랍니다. 이번 활동의 핵심은 표시된 선을 따라서 가위로 정교하게 자르는 거예요. 활동을 하는 동안, 아이는 종이를 움직여 가면서 잘라야 해요. 직선으로 시작해서 점점 더 어려운 부분이 나오고, 결국에는 가위와 종이를 모든 방향으로 움직이게 된답니다. 단, 가위를 사용하는 모든 활동은 부모님의 철저한 감독이 필요해요. 가위를 잘못 사용하면 어떻게 되는지 아이에게 잘 설명해 주세요. 아이가 가위를 제대로 사용하지 못하면 일단 가위를 치우고 나중에 다시 하는 것이 좋습니다.

준비물

☐ 유아용 가위 (아이가 왼손잡이인 경우 왼손잡이용 가위)

☐ 자

☐ A4 크기의 뻣뻣한 종이

□ 종이 조각들을 담을 그릇
□ 사인펜

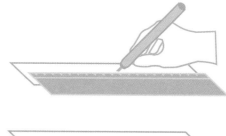

활동 방법

① 아이와 함께 앉기 전에 종이를 가로로 5줄이 되게끔 자르세요. 자른 종이들의 가운데에 자와 사인펜을 사용하여 직선을 그려요. 종이 조각들을 가위와 함께 그릇에 담아 주세요.

② 부모님이 먼저 가위를 들고 아이에게 가위 잡는 법을 보여 주세요. 아이는 가위 손잡이의 구멍에 손가락을 여러 개 넣으려 할지도 몰라요. 아이의 손은 작으니까요. 아이에게 가위를 벌리고 닫는 동작을 보여 주세요.

③ 종이 조각 하나를 손으로 잡고 선을 따라서 천천히 잘라요.

④ 선을 따라 종이를 자르면서 종이를 움직여 줘요. 그러면 아이가 종이를 움직여 주는 것이 자르는 데 도움이 된다는 것을 알게 될 거예요. 가위를 열고 닫는 동작을 과장해서 보여 주면, 아이가 종이를 자를 때 어떻게 해야 하는지 이해할 수 있습니다. 또 다른 종이를 잘라 보세요.

⑤ 가위를 그릇에 다시 놓고 아이에게 그릇을 건네 주어요. 아이가 나머지 종이들을 자르게 합니다. 직선을 자르는 것부터 시작해

서 물결선, 지그재그선, 톱니 모양의 선으로 진행할 수 있어요.

더 나아가기

아이와 함께 잘라 낼 밑그림을 만들어요. 예를 들면, 동물이
나 자동차 같은 것들이 좋겠네요.

종이 사슬을 만들 수도 있어요. 먼저, 종이를 아코디언처럼
접어 봐요. 그리고 접힌 부분에 손과 발이 닿도록 사람 모양
의 그림을 그려요. 그리고 아이에게 그림을 잘라 내게 합니
다. 하지만, 접히는 부분에 연결되는 손과 발은 잘라내면 안
돼요. 아이가 종이를 다 자르면, 그림을 활짝 펼쳐 보세요.
사람 모양이 서로 연결된 종이 사슬이 완성됩니다.

가족의 집을 만들어요

가족과 친구의 존재는 사회적인 의미도 있지만, 세상 속에서 내가 누구인지 알 수 있다는 점에서 어린아이들에게 아주 중요해요. 이번에는 아이가 자신과 관련하여, 가족 구성원이 누구이고 어디에 속해 있는지 확인하는 데 도움이 되는 활동입니다.

준비물

☐ 직계 가족사진, 친척을 포함한 가족사진 여러 장

☐ 유아용 가위

☐ 연필

☐ 마커 펜

☐ 231쪽의 템플릿 ① (여러 장 필요할 수 있어요.)

☐ A4 크기의 종이

☐ 고체 풀

☐ 크레용, 색연필 또는 사인펜

☐ 집 모양 그림을 붙일 넓은 종이

TIP ─────────────────────────────────────
231쪽에 있는 템플릿 그림을 A4 용지에 복사해요. 여러 장을 복사해도 좋아요. 가족 구성원 모두를 위한 창문이 있어야 하니까요.

활동 방법

① 가족사진, 가위, 연필 및 마커 펜을 준비해요.

② 아이와 함께 준비물 앞에 앉아요.

③ 아이에게 "이제 모든 가족 구성원들이 함께 살 집을 만들 거야" 라고 설명해 주세요.

④ 아이가 사진들 중 하나를 선택하게 합니다.

⑤ 연필로 사진 위에 원을 표시해요. 원의 크기는 집 창문의 크기 정도예요.

⑥ 아이가 마커 펜을 사용할 수 있다면 연필로 그린 원의 둘레를 따라서 마커 펜으로 그려요.

⑦ 아이가 가위를 사용할 수 있다면, 원 둘레를 오려 내게 해요.

TIP ─────────────────────────────────────
반려동물이 있으면 반려동물과 함께 찍은 사진도 준비해 주세요.

⑧ 다른 사진으로 4~7단계를
반복해서 모든 가족사진
에서 원을 오려 내요.

⑨ 복사한 집 그림을 펼쳐
놓고, 아이에게 말해 주
세요. "이제 사진 중에서
하나를 골라 보자."

⑩ 아이가 사진을 선택하면 이렇
게 물어봐요. "어느 창문에 사진을
붙이고 싶니?"

⑪ 아이가 선택한 사진의 뒷면에 풀을 칠한 다음, 창문 위에 붙이
도록 해요.

⑫ 사진들을 모두 붙일 때까지 계속 해 주세요.

⑬ 각 창문의 아래에 사진 속에 있는 가족의 이름을 적어 주세요.

⑭ 아이가 집에 색을 칠하게 해요.

⑮ 집 그림을 하나 더 펼쳐 놓고 위 단계를 반복해요. 이번에는 할
머니, 할아버지가 함께 있는 사진으로 해 보세요.

⑯ 고모, 이모, 삼촌, 사촌들의 사진으로도 똑같이 할 수 있어요.

⑰ 집 그림이 완성되면 넓은 종이에 붙여도 좋아요. 직계 가족이
있는 집을 가운데에 붙이고 나머지는 주변에 붙여 주세요.

⑱ 직계 가족 구성원의 집과 친척들이 있는 집 사이를 화살표로 연

결해요. 그리고 선 위에 관련된 설명을 적어요. 예를 들면, '할머니, 할아버지가 사시는 집. 할머니, 할아버지 집에는 자동차를 타고 가요'라고 적어요. '자동차'라는 글자뿐만 아니라, 자동차 그림을 그려 넣어도 좋아요.

⑲ 계속해서 모든 가족들의 집과 연결해요.

⑳ 큰 종이의 맨 위에 '우리 가족'이라고 적어요.

TIP ────────────────
이 활동은 일주일 또는 2주 정도의 시간을 잡고 천천히 해도 괜찮아요.

더 나아가기

가족의 집 만들기가 끝나고 나면 친구들 사진으로 친구의 집을 만들어 보세요.

만약 창문이 부족하면 추가해서 그려도 좋아요. 또는 집 주변에 정원을 만들어서 가족사진을 그곳에 붙일 수도 있어요.

식물을 돌봐요

아이가 스스로를 돌볼 수 있게 되면, 다음 단계는 더 넓은 맥락에서 돌보기 활동을 시도해 볼 수 있어요. 아이들은 '누군가를 돌보는' 마음을 자연스럽게 타고났답니다. 이 활동은 그 마음을 바탕으로 진행되지요. 먼저, 모든 생명체의 생존과 성장에는 물이 필요하다는 것을 설명해 주면서 시작하세요. 아이는 책임이 큰 역할을 할 수 있게 되어 기뻐할 겁니다. 그뿐 아니라, 물을 붓는 기술도 연습할 수 있어요.

준비물

☐ 대야 또는 깊이가 얕은 양동이

☐ 크기가 작은 물뿌리개 또는 주전자

☐ 작은 식물을 심은 화분

활동 방법

① 아이에게 "오늘은 화분에 물을 줘야 해"라고 알려 주세요.

② 대야나 양동이를 물뿌리개 또는 주전자와 함께 테이블 위에 올려 놓아요.

③ 아이에게 화분을 주면서 이렇게 말해요. "화분을 테이블 위에 있는 양동이 안에 놓아 볼래?"

④ 부모님이 화분의 흙을 손으로 톡톡 두드리며 아이에게 말해요. "손으로 흙을 두드려 봐." 이때 아이는 흙이 건조하다는 것을 관찰할 수 있어요.

⑤ 물뿌리개나 주전자에 물을 반 정도 채워요. 아이에게 손잡이를 잡는 법을 잘 알려 주고, 아이가 직접 화분에 물을 줄 수 있도록 이끌어 줍니다.

⑥ 화분에 준 물이 잘 빠지게 두고, 다른 화분도 반복해요.

TIP
이 활동은 아이가 65번 활동을 해 본 이후에 하는 게 가장 좋아요.

아이가 작은 식물에 물 주는 것을 마치고 나면, 옮길 수 없는 큰 화분으로 가서 물을 주세요. 만약 집에 정원이 있다면, 부모님이 정원에 있는 식물들에 물을 줄 때 아이가 도울 수 있답니다.

워크시트 및 템플릿

유아이북스 블로그
(www.uibooks.co.kr)의
'자료 다운로드' 메뉴에서
직접 내려받아 사용하실 수 있습니다.

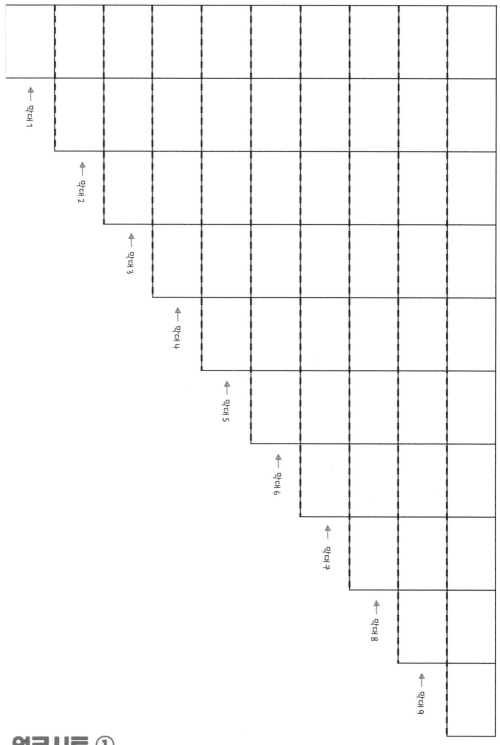

마디 1
마디 2
마디 3
마디 4
마디 5
마디 6
마디 7
마디 8
마디 9
마디 10

워크시트 ①

삼각형

정사각형

원

템플릿 ①

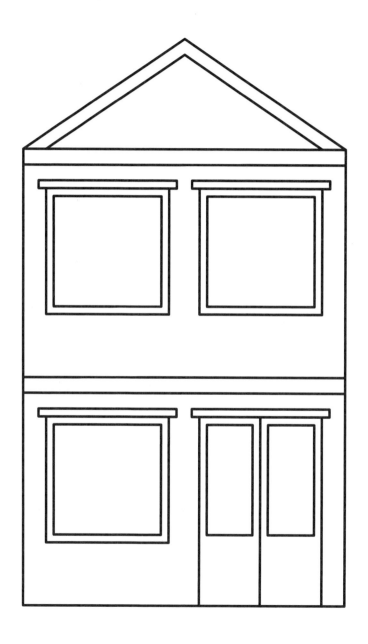

집에서 하는 몬테소리 감각 놀이

1판 1쇄 인쇄 2021년 4월 5일
1판 1쇄 발행 2021년 4월 10일

지은이 마자 피타믹
옮긴이 오광일
펴낸이 이윤규

펴낸곳 유아이북스
출판등록 2012년 4월 2일
주소 (우) 04317 서울시 용산구 효창원로 64길 6
전화 (02) 704-2521
팩스 (02) 715-3536
이메일 uibooks@uibooks.co.kr

ISBN 979-11-6322-056-5 03330
값 16,000원